AF363500

Chansons.

DE L'IMPRIMERIE DE FIRMIN DIDOT.

CHANSONS,

Par M. J. P. DE BÉRANGER.

TOME I.

A PARIS,

CHEZ LES MARCHANDS DE NOUVEAUTÉS.

1821.

PRÉFACE.

(NOVEMBRE 1815.)

Pourquoi les libraires ne cessent-ils de vouloir des préfaces, et pourquoi les lecteurs ont-ils cessé de les lire? On agite tous les jours, dans de graves assemblées, une foule de questions bien moins importantes que celle-ci; et je me propose de la résoudre dans un ouvrage en trois volumes in-8°, qui, si l'on en permet la publication, pourra amener la réforme de plusieurs abus très-dangereux. Forcé, en attendant, de me conformer à l'usage, je me creusais la tête depuis un mois, pour trouver le moyen de dire au Public, qui ne s'en soucie guère, qu'ayant fait des chansons, je prends le parti de les faire imprimer. Le Bourgeois-Gentilhomme, embrouillant son compliment à la belle comtesse, est moins embarrassé que je ne l'étais. J'appelais mes amis à mon aide ; et l'un d'eux, profond érudit, vint, il y a quelques jours, m'offrir, pour mettre en tête de mon recueil, une dissertation qu'il trouve excellente, et dans laquelle il prouve que les *flonflons*, les *farira-dondé*, les *tourelouribo*, et tant d'autres refrains qui ont eu le privilége de charmer nos pères, dérivent du grec et de l'hébreu. Quoique je sois ignorant comme un chansonnier, j'aime beaucoup les traits d'érudition. Enchanté de cette dissertation, je me préparais à en faire mon profit, ou plutôt celui du libraire, lorsqu'un autre de mes amis, car j'ai beaucoup d'amis (c'est ce qu'il est bon de consigner ici, attendu que les journaux pourront faire croire le contraire), lorsque, dis-je, un de mes amis, homme de plaisir et de bon sens, m'apporta, d'un air empressé, un chiffon de papier trouvé dans le fond d'un vieux secrétaire.

« C'est de l'écriture de Collé ! » me dit-il du plus loin qu'il m'aperçut. « J'ai confronté

« ce fragment avec le manuscrit des mé-
« moires du premier de nos chansonniers,
« et je vous en garantis l'authenticité. Vous
« verrez, en le lisant, pourquoi il n'a pas
« trouvé place dans ces mémoires, qui ne
« contiennent pas toujours des choses aussi
« raisonnables. »

Je ne me le fis pas dire deux fois; et je
lus avec la plus grande attention ce morceau,
dont le fond des idées me séduisit tellement,
que d'abord je ne m'aperçus pas que le
style pouvait faire douter un peu que Collé
en fût l'auteur.

Malgré toutes les observations de mon
ami le savant, qui tenait à ce que j'adoptasse
sa dissertation, je fis sur-le-champ le projet
de me servir, pour ma préface, de ce legs
que le hasard me procurait dans l'héritage
d'un homme qui n'a laissé que des colla-
téraux.

Ceux qui trouveront ce petit dialogue in-
digne de Collé, pourront s'en prendre à l'ami
qui me l'a fourni, et qui m'a assuré devoir
en déposer le manuscrit chez un notaire;

pour le soumettre à la confrontation des incrédules. Ces précautions prises, je le transcris ici en toute sûreté de conscience.

CONVERSATION

ENTRE MON CENSEUR ET MOI.

15 janvier 1768.

(Je prends la liberté de substituer le nom de Collé au *moi* qui se trouve dans tout le dialogue.)

LE CENSEUR.

Voici, monsieur, mon approbation pour votre *Théâtre de société*. Il contient des ouvrages charmants.

COLLÉ.

Et mes chansons, monsieur, mes chansons, comment les avez-vous traitées?

LE CENSEUR.

Vous me trouverez sévère. Mais je ne puis vous dissimuler que le choix ne m'en paraît pas sagement fait.

COLLÉ.

Connaîtriez-vous quelque bonne chanson que j'aurais omise?

LE CENSEUR.

J'ai été, au contraire, forcé d'indiquer la suppression d'un grand nombre.

COLLÉ (*feuilletant son manuscrit*).

Quoi ! monsieur, vous exigez que je re-tranche........ (Ici le papier endommagé ne permet que de deviner le titre des chansons supprimées par le censeur.)

LE CENSEUR.

Vous n'avez pas dû penser que cela passerait à la censure.

COLLÉ.

Elles ont passé bien ailleurs.

LE CENSEUR.

Raison de plus.

COLLÉ.

Pardonnez ; je ne connaissais pas bien encore les raisons d'un censeur.

LE CENSEUR.

Examinons , avec sang-froid , les deux genres de chansons qui m'ont contraint à la sévérité. D'abord, pourquoi, dans les vaudevilles, mêlez-vous toujours quelque trait de satire relatif aux circonstances ?

COLLÉ.

Que ne me demandez-vous plutôt pourquoi je fais des vaudevilles ? La chanson est essentiellement du parti de l'opposition. D'ailleurs en frondant quelques abus, qui n'en seront pas moins éternels ; en ridiculisant quelques personnages à qui l'on pourrait souhaiter de n'être que ridicules, ai-je insulté jamais à ce qui a droit au respect de tous ? Le respect pour le Souverain paraît-il me coûter ?

LE CENSEUR.

Mais les ministres, monsieur, les ministres ! Si, à Naples, l'on peut sans danger offenser la Divinité, il n'y fait pas bon pour ceux qui parlent mal de saint Janvier.

COLLÉ.

Je le conçois : à Naples, saint Janvier passe pour faire des miracles.

LE CENSEUR.

Vous y seriez aussi incrédule qu'à Paris.

COLLÉ.

Dites aussi clairvoyant.

LE CENSEUR.

Tant pis pour vous, monsieur. Au fait, de quoi se mêlent les faiseurs de chansons ? Vous en pouvez convenir avec moins de peine qu'un autre; les chansonniers sont en littérature ce que les ménétriers sont en musique.

COLLÉ.

Je l'ai dit cent fois avant vous. Mais convenez, à votre tour, qu'il en est quelques-uns qui ne jouent pas du violon pour tout le monde. Plusieurs ne seraient pas indignes de faire partie de la musique dont le grand Condé se servait pour ouvrir la tranchée (1), et tous deviennent utiles lorsqu'il s'agit de faire célébrer au peuple des triomphes dont sans eux, fort souvent, il ne sentirait que le poids.

LE CENSEUR.

Je n'ai point oublié la jolie chanson du *Port-Mahon*. Monsieur Collé, ce n'est pas à

____

(1) Le grand Condé ouvrit la tranchée devant Lérida au son des violons et des hautbois.

vous qu'on reprochera l'*anglomanie*. Mais cela ne suffit pas. Pourquoi, par exemple, vous être fait l'apôtre de certaines idées hardies, de certains principes d'indépendance qu'il vaudrait mieux combattre?

COLLÉ.

J'entends de quelles idées vous voulez parler. Combattre ces idées, monsieur! il n'y aurait pas plus de mérite à cela qu'à faire en Prusse des épigrammes contre les capucins. Ne trouvez-vous pas même que la plupart de ceux qui attaquent ces idées, qui peut-être au fond sont les vôtres, ressemblent à des aveugles qui voudraient casser les réverbères?

LE CENSEUR.

Je suis de votre avis, si vous voulez dire qu'ils frappent à côté. Mais revenons à vos chansons. Tout le monde rend justice à la loyauté de votre caractère, à la régularité de vos mœurs, et je pense qu'il sera aisé de vous convaincre du tort que vous feraient certaines *gaillardises* que je vous engage à faire disparaître de votre recueil.

COLLÉ.

C'est parce que je ne crains point qu'on examine mes mœurs, que je me suis permis de peindre celles du temps avec une exactitude qui participe de leur licence (1).

LE CENSEUR.

Vos tableaux choqueront les regards des gens rigides.

COLLÉ.

La Chasteté porte un bandeau.

LE CENSEUR.

Elle n'est pas sourde, et le ton libre de plusieurs de vos chansons peut augmenter la corruption dont vous faites la satire.

COLLÉ.

Quoi! comme l'a dit le bon La Fontaine,

Les mères, les maris me prendront aux cheveux
Pour dix ou douze contes bleus!
Voyez un peu la belle affaire!
Ce que je n'ai pas fait, mon livre irait le faire!

---

(1) Plusieurs de ces raisonnemens se retrouvent dans une notice piquante et spirituelle, placée en tête du recueil complet des chansons de Collé, publié par M. Auger, censeur et membre de l'Académie française.

LE CENSEUR.

L'autorité d'un grand homme est déplacée ici. Il ne s'agit que de bagatelles que vous pouvez sacrifier sans regret.

COLLÉ.

En avez-vous de les connaître ?

LE CENSEUR.

Je ne dis pas cela.

COLLÉ.

En êtes-vous moins censeur, et très-censeur ?

LE CENSEUR.

Je vous en fais juge.

COLLÉ.

Eh bien! après avoir lu ou chanté en secret mes couplets les plus graveleux, les prudes n'en auront pas plus de charité, et les bigots pas plus de tolérance. Laissez à ces gens-là le soin de me mettre à l'*index*. Si vous leur ôtez le plaisir de crier de temps à autre, on finira par croire à la réalité de leurs vertus. Mes chansons peuvent fournir une occasion de savoir à quoi s'en tenir sur le compte de ces messieurs et de ces dames. C'est un

service qu'elles rendront aux gens véritable-
ment sages, qui, toujours indulgens, par-
donnent des écarts à la gaîté, et permettent
à l'innocence de sourire.

LE CENSEUR.

Hors de mon cabinet, je pourrais trouver
vos raisons bonnes ; ici, elles ne sont que
spécieuses. Je vous répète donc qu'il est im-
possible que j'autorise l'impression des chansons que vous défendez si bien.

COLLÉ.

En ce cas, je prends mon parti. Je les
ferai imprimer en Hollande sous le titre de
*Chansons que mon censeur n'a pas dû me
passer.*

LE CENSEUR.

Je vous en retiens un exemplaire.

COLLÉ.

Vous mériteriez que je vous les dédiasse.

LE CENSEUR.

Vous pouvez les adresser mieux, vous,
monsieur Collé, qui avez pour protecteur un
prince de l'auguste maison dont vous avez
si bien fait parler le héros.

COLLÉ.

Que ne me protège-t-il contre les censeurs.

LE CENSEUR.

Et contre les feuilles périodiques.

COLLÉ.

En effet, elles sont la seconde plaie de la littérature.

LE CENSEUR.

Quelle est la première, s'il vous plaît?

COLLÉ.

Je vous le laisse deviner, et cours chez l'imprimeur, qui m'attend.

LE CENSEUR.

Un moment. Je sais que, jour par jour, vous écrivez ce que vous avez dit et fait. Ne vous avisez point de transcrire ainsi notre conversation.

COLLÉ.

Vous n'y serez point compromis.

LE CENSEUR.

Bien; mais un jour, quelque écolier pourrait s'appuyer de vos arguments, et, à l'abri de votre nom, tenter de justifier......

Ici l'écriture, absolument illisible, m'a privé du reste de ce dialogue, qui n'est peut-être intéressant que pour un auteur placé dans une situation pareille à celle où Collé s'est trouvé. Malgré le soin qu'il avait pris de ne pas le joindre aux mémoires de sa vie, ce que le censeur avait craint est arrivé; et l'écolier n'hésite point à se servir du nom de son maître, au risque d'être en butte à de graves reproches. Mon ami l'érudit m'a annoncé qu'il m'en arriverait malheur, et, pour donner du poids au pronostic, m'a retiré sa dissertation sur les *flonflons*. Le Public n'y perdra rien. Il doit l'augmenter considérablement, et l'adresser en forme de mémoire à la troisième classe de l'Institut. Elle obtiendra peut-être plus de succès que je n'ose en espérer pour mon recueil. Le moment serait mal choisi pour publier des chansons, si la futilité même des productions n'était une recommandation, à une époque où l'on a plus besoin de se distraire que de s'occuper. Souhaitons que bientôt l'on puisse

lire des poëmes épiques, sans souhaiter néan-
moins qu'il en paraisse autant que chaque
année voit éclore de chansonniers nouveaux.

P. S. Je crois inutile d'ajouter aucune ré-
flexion à cette préface du recueil chantant que
je publiai à la fin de 1815. J'ai fait depuis quelques tentatives pour étendre le domaine de la
chanson. Le succès seul peut les justifier. Des
amateurs du genre pourront se plaindre de la
gravité de certains sujets que j'ai cru pouvoir
traiter. Voici ma réponse : La chanson vit de
l'inspiration du moment. Notre époque est sé-
rieuse, même un peu triste : j'ai dû prendre le
ton qu'elle m'a donné; il est probable que je ne
l'aurais pas choisi. Je pourrais repousser ainsi
plusieurs autres critiques, s'il n'était naturel de
penser qu'on accordera trop peu d'attention à
ces chansons pour qu'il soit nécessaire de les dé-
fendre sérieusement. Un recueil de chansons est
et sera toujours un livre sans conséquence.

CHANSONS.

LE ROI D'YVETOT.

(mai 1813.)

Air : Quand un tendron vient en ces lieux.

Il était un roi d'Yvetot,
    Peu connu dans l'histoire,
Se levant tard, se couchant tôt,
    Dormant fort bien sans gloire,
Et couronné par Jeanneton
D'un simple bonnet de coton,
        Dit-on.
Oh! oh! oh! oh! ah! ah! ah! ah!
Quel bon petit roi c'était là!
        La, la.

Il faisait ses quatre repas
    Dans son palais de chaume,
Et sur un âne, pas à pas,
    Parcourait son royaume.

Joyeux, simple et croyant le bien,
Pour toute garde il n'avait rien
    Qu'un chien.
Oh ! oh ! oh ! oh ! ah ! ah ! ah ! ah !
Quel bon petit roi c'était là !
    La, la.

Il n'avait de goût onéreux
    Qu'une soif un peu vive ;
Mais, en rendant son peuple heureux,
    Il faut bien qu'un roi vive.
Lui-même à table, et sans suppôt,
Sur chaque muid levait un pot
    D'impôt.
Oh ! oh ! oh ! oh ah ! ah ! ah ! ah !
Quel bon petit roi c'était là !
    La, la.

Aux filles de bonnes maisons
    Comme il avait su plaire,
Ses sujets avaient cent raisons
    De le nommer leur père ;
D'ailleurs, il ne levait de ban
Que pour tirer, quatre fois l'an.
    Au blanc

Oh! oh! oh! oh! ah! ah! ah! ah!
Quel bon petit roi c'était là!
La, la.

Il n'agrandit point ses États,
    Fut un voisin commode,
Et, modèle des potentats,
    Prit le plaisir pour code.
Ce n'est que lorsqu'il expira,
Que le peuple qui l'enterra
        pleura.
Oh! oh! oh! oh! ah! ah! ah! ah!
Quel bon petit roi c'était là!
        La, la.

On conserve encor le portrait
    De ce digne et bon prince.
C'est l'enseigne d'un cabaret,
    Fameux dans la province.
Les jours de fête, bien souvent,
La foule s'écrie en buvant
        Devant:
Oh! oh! oh! oh! ah! ah! ah! ah!
Quel bon petit roi c'était là!
        La, la.

LA BACCHANTE.

Air : Fournissez un canal au ruisseau.

Cher amant, je cède à tes desirs :
De Champagne enivre Julie.
Inventons, s'il se peut des plaisirs ;
Des amours épuisons la folie.
　　Verse-moi ce joyeux poison ;
　　Mais, sur-tout, bois à ta maîtresse :
　　Je rougirais de mon ivresse,
　　Si tu conservais ta raison.

Vois déja briller dans mes regards,
　　Tout le feu dont mon sang bouillonne.
Sur ton lit, de mes cheveux épars,
Fleur à fleur, vois tomber ma couronne.
　　Le cristal vient de se briser :
　　Dieux, baise ma gorge brûlante,
　　Et taris l'écume enivrante
　　Dont tu te plais à l'arroser.

Verse encor; mais pourquoi ces atours
  Entre tes baisers et mes charmes?
Romps ces nœuds, oui, romps-les pour toujours:
Ma pudeur ne connaît plus d'alarmes.
  Presse en tes bras mes charmes nus.
  Ah! je sens redoubler mon être!
  A l'ardeur qu'en moi tu fais naître,
  Ton ardeur ne suffira plus.

Dans mes bras, tombe enfin à ton tour;
  Mais, hélas! tes baisers languissent.
Ne bois plus, et garde à mon amour
Ce nectar où tes feux s'amortissent.
  De mes desirs mal apaisés,
  Ingrat, si tu pouvais te plaindre,
  J'aurai du moins, pour les éteindre,
  Le vin où je les ai puisés.

LE SÉNATEUR.

(1813.)

Air : J'ons un curé patriote.

Mon épouse fait ma gloire :
Rose a de si jolis yeux !
Je lui dois, l'on peut m'en croire,
Un ami bien précieux.
Le jour où j'obtins sa foi,
Un sénateur vint chez moi !
Quel honneur !
Quel bonheur !
Ah ! monsieur le sénateur,
Je suis votre humble serviteur.

De ses faits je tiens registre :
C'est un homme sans égal.
L'autre hiver, chez un ministre,
Il mena ma femme au bal.
S'il me trouve en son chemin,
Il me frappe dans la main.
Quel honneur !

Quel bonheur !
Ah ! monsieur le sénateur,
Je suis votre humble serviteur.

Près de Rose il n'est point fade,
Et n'a rien d'un freluquet.
Lorsque ma femme est malade,
Il fait mon cent de piquet.
Il m'embrasse au jour de l'an ;
Il me fête à la Saint-Jean.
Quel honneur !
Quel bonheur !
Ah ! monsieur le sénateur,
Je suis votre humble serviteur.

Chez moi qu'un temps effroyable
Me retienne après dîner,
Il me dit, d'un air aimable :
« Allez donc vous promener ;
« Mon cher, ne vous gênez pas ;
« Mon équipage est là-bas. »
Quel honneur !
Quel bonheur !
Ah ! monsieur le sénateur,
Je suis votre humble serviteur.

Certain soir, à sa campagne
Il nous mena par hasard.
Il m'enivra de Champagne;
Et Rose fit lit à part.
Mais de la maison, ma foi,
Le plus beau lit fut pour moi.
Quel honneur!
Quel bonheur!
Ah! monsieur le sénateur,
Je suis votre humble serviteur.

A l'enfant que Dieu m'envoie,
Pour parrain je l'ai donné.
C'est presque en pleurant de joie
Qu'il baise le nouveau-né;
Et mon fils, dès ce moment,
Est mis sur son testament.
Quel honneur!
Quel bonheur!
Ah! monsieur le sénateur,
Je suis votre humble serviteur.

A table il aime qu'on rie;
Mais parfois j'y suis trop vert
J'ai poussé la raillerie

Jusqu'à lui dire au dessert :
On croit, j'en suis convaincu,
Que vous me faites c....
    Quel honneur !
    Quel bonheur !
Ah ! monsieur le sénateur,
Je suis votre humble serviteur.

L'ACADÉMIE ET LE CAVEAU.

CHANSON DE RÉCEPTION AU CAVEAU MODERNE.

AIR : Tout le long de la rivière.

Au Caveau je n'osais frapper ;
Des méchans m'avaient su tromper.
C'est presque un cercle académique,
Me disait maint esprit caustique.
Mais, que vois-je ? de bons amis
Que rassemble un couvert bien mis.
Asseyez-vous, me dit la compagnie.

Non, non, ce n'est point comme à l'Académie.
Ce n'est point comme à l'Académie.

Je me voyais, pendant un mois,
Courant pour disputer les voix
A des gens qu'appuîrait le zèle
D'un grand seigneur ou d'une belle;
Mais, faisant moitié du chemin,
Vous m'accueillez le verre en main.
D'ici l'intrigue est à jamais bannie;
Non, non, ce n'est point comme à l'Académie.
Ce n'est point comme à l'Académie.

Toussant, crachant, faudra-t-il donc,
Dans un discours superbe et long,
Dire : Quel honneur vous me faites!
Messieurs, vous êtes trop honnêtes;
Ou quelque chose d'aussi fort?
Mais, que je m'effrayais à tort!
On peut ici montrer moins de génie.
Non, non, ce n'est point comme à l'Académie.
Ce n'est point comme à l'Académie.

Je croyais voir le président,
Faire bâiller, en répondant

Que l'on vient de perdre un grand homme,
Que, moi, je le vaux, Dieu sait comme.
Mais ce président sans façon (1)
Ne pérore ici qu'en chanson :
Toujours trop tôt sa harangue est finie.
Non, non, ce n'est point comme à l'Académie.
Ce n'est point comme à l'Académie.

Admis enfin, aurai-je alors,
Pour tout esprit, l'esprit de corps ?
Il rend le bon sens, quoi qu'on dise,
Solidaire de la sottise ;
Mais, dans votre société,
L'esprit de corps, c'est la gaîté.
Cet esprit là règne sans tyrannie.
Non, non, ce n'est point comme à l'Académie
Ce n'est point comme à l'Académie.

Ainsi j'en juge à votre accueil :
Ma chaise n'est point un fauteuil.
Que je vais chérir cet asyle,
Où tant de fois le Vaudeville
A renouvelé ses grelots,

____

(1) M. Désaugiers.

Et sur la porte écrit ces mots :
Joie, amitié, malice et bonhomie !
Non, non, ce n'est point comme à l'Académie.
Ce n'est point comme à l'Académie.

ROGER BONTEMPS.

AIR : Ronde du camp de Grandpré.

Aux gens atrabilaires
Pour exemple donné,
En un temps de misères
Roger Bontemps est né.
Vivre obscur à sa guise,
Narguer les mécontens ;
Eh gai ! c'est la devise
Du gros Roger Bontemps.

Du chapeau de son père,
Coiffé dans les grands jours.
De roses ou de lierre
Le rajeunir toujours :

Mettre un manteau de bure,
Vieil ami de vingt ans;
Eh gai! c'est la parure
Du gros Roger Bontemps.

Posséder dans sa hutte
Une table, un vieux lit,
Des cartes, une flûte,
Un broc que Dieu remplit,
Un portrait de maîtresse,
Un coffre et rien dedans;
Eh gai! c'est la richesse
Du gros Roger Bontemps.

Aux enfans de la ville
Montrer de petits jeux;
Être un faiseur habile
De contes graveleux;
Ne parler que de danse
Et d'almanachs chantans.
Eh gai! c'est la science
Du gros Roger Bontemps.

Faute de vins d'élite,
Sabler ceux du canton;

Préférer Marguerite
Aux dames du grand ton ;
De joie et de tendresse
Remplir tous ses instans ;
Eh gai ! c'est la sagesse
Du gros Roger Bontemps.

Dire au ciel : Je me fie,
Mon père, à ta bonté ;
De ma philosophie
Pardonne la gaîté ;
Que ma saison dernière
Soit encore un printemps,
Eh gai ! c'est la prière
Du gros Roger Bontemps.

Vous, pauvres pleins d'envie,
Vous, riches desireux ;
Vous, dont le char dévie
Après un cours heureux ;
Vous, qui perdrez peut-être
Des titres éclatans,
Eh gai ! prenez pour maître
Le gros Roger Bontemps

LA GAUDRIOLE.

Air : La bonne aventure.

Momus a pris pour adjoints
  Des rimeurs d'école :
Des chansons en quatre points
  Le froid nous désole.
Mirliton s'en est allé.
Ah ! la muse de Collé,
    C'est la gaudriole,
        O gué,
    C'est la gaudriole.

Moi, des sujets polissons
  Le ton m'affriole.
Minerve, dans mes chansons,
  Fait la cabriole.
De ma grand'mère, après tout,
Tartuffes, je tiens le goût
    De la gaudriole,
        O gué,
    De la gaudriole.

Elle amusait, à dix ans,
Son maître d'école.
Des Cordeliers gros plaisans,
Elle fut l'idole.
Au prêtre qui l'exhortait,
En mourant elle contait
Une gaudriole,
O gué,
Une gaudriole.

C'était la régence alors;
Et, sans hyperbole,
Grace aux plus drôles de corps,
La France était folle.
Tous les hommes plaisantaient,
Et les femmes se prêtaient
A la gaudriole,
O gué,
A la gaudriole.

On ne rit guère aujourd'hui:
Est-on moins frivole?
Trop de gloire nous a nui:
Le plaisir s'envole.
Mais au Français attristé

Qui peut rendre la gaîté ?
C'est la gaudriole,
O gué,
C'est la gaudriole.

Prudes, qui ne criez plus
Lorsqu'on vous viole,
Pourquoi prendre un air confus
A chaque parole ?
Passez les mots aux rieurs :
Les plus gros sont les meilleurs
Pour la gaudriole,
O gué,
Pour la gaudriole.

PARNY.

ROMANCE.

Musique de M. B. WILHEM.

JE disais aux fils d'Épicure :
« Réveillez par vos joyeux chants
Parny qui sait de la nature
. Célébrer les plus doux penchans.

Mais les chants que la joie inspire,
Font place aux regrets superflus :
        Parny n'est plus !
Il vient d'expirer sur sa lyre :
        Parny n'est plus !

Je disais aux Graces émues :
« Il vous doit sa célébrité ;
« Montrez-vous à lui demi-nues :
« Qu'il peigne encor la volupté. »
Mais chacune d'elles soupire
Auprès des plaisirs éperdus.
        Parny n'est plus !
Il vient d'expirer sur sa lyre.
        Parny n'est plus !

Je disais aux Dieux du bel âge :
« Amours, rendez à ses vieux ans
« Les fleurs qu'aux pieds d'une volage
« Il prodigua dans son printemps. »
Mais en pleurant je les vois lire
Des vers qu'ils ont cent fois relus.
        Parny n'est plus !
Il vient d'expirer sur sa lyre.
        Parny n'est plus !

Je disais aux Muses plaintives :
« Oubliez vos malheurs récens (1).
« Pour charmer l'écho de nos rives,
« Il vous suffit de ses accens. »
Mais du poétique délire
Elles brisent les attributs.
    Parny n'est plus !
Il vient d'expirer sur sa lyre.
    Parny n'est plus !

Il n'est plus ! ah ! puisse l'envie
S'interdire un dernier effort (2) !
Immortel il quitte la vie ;
Pour lui tous les dieux sont d'accord.
Que la haine, prête à maudire,
Pardonne aux aimables vertus.
    Parny n'est plus !
Il vient d'expirer sur sa lyre.
    Parny n'est plus !

---

(1) Allusion à la mort de Lebrun, de Delille, de Bernardin de Saint-Pierre, de Grétry, etc.

(2) Autre allusion aux insultes faites à la mémoire de l'auteur de la *Guerre des Dieux*.

MA GRAND'MÈRE.

Air : En revenant de Bâle en Suisse.

Ma grand'mère, un soir à sa fête,
De vin pur ayant bu deux doigts,
Nous disait, en branlant la tête :
Que d'amoureux j'eus autrefois !
   Combien je regrette
   Mon bras si dodu,
   Ma jambe bien faite,
   Et le temps perdu !   *bis.*

Quoi ! maman vous n'étiez pas sage !
— Non, vraiment ; et de mes appas
Seule, à quinze ans, j'appris l'usage ;
Car la nuit je ne dormais pas.
   Combien je regrette
   Mon bras si dodu,
   Ma jambe bien faite,
   Et le temps perdu !

Maman, vous aviez le cœur tendre?
— Oui, si tendre, qu'à dix-sept ans
Lindor ne se fit pas attendre,
Et qu'il n'attendit pas long-temps.
  Combien je regrette
  Mon bras si dodu,
  Ma jambe bien faite,
  Et le temps perdu!

Maman, Lindor savait donc plaire?
— Oui, seul il me plut quatre mois;
Mais bientôt j'estimai Valère,
Et fis deux heureux à-la-fois.
  Combien je regrette
  Mon bras si dodu,
  Ma jambe bien faite,
  Et le temps perdu!

Quoi! maman, deux amans ensemble!
— Oui, mais chacun d'eux me trompa.
Plus fine alors qu'il ne vous semble,
J'épousai votre grand-papa.
  Combien je regrette
  Mon bras si dodu,

Ma jambe bien faite,
Et le temps perdu !

Maman, que lui dit la famille?
— Rien ; mais un mari plus sensé
Eût pu connaître à la coquille
Que l'œuf était déja cassé.
Combien je regrette
Mon bras si dodu,
Ma jambe bien faite,
Et le temps perdu !

Maman, lui fûtes-vous fidèle?
— Oh ! sur cela je me tais bien.
A moins qu'à lui Dieu ne m'appelle,
Mon confesseur n'en saura rien.
Combien je regrette
Mon bras si dodu,
Ma jambe bien faite,
Et le temps perdu !

Bien tard, maman, vous fûtes veuve?
— Oui ; mais, graces à ma gaîté,
Si l'église n'était plus neuve,
Le saint n'en fut pas moins fêté.

Combien je regrette
Mon bras si dodu,
Ma jambe bien faite,
Et le temps perdu !

Comme vous, maman, faut-il faire ?
— Hé, mes petits enfans, pourquoi,
Quand j'ai fait comme ma grand'mère,
Ne feriez-vous pas comme moi ?
Combien je regrette
Mon bras si dodu,
Ma jambe bien faite,
Et le temps perdu !

LE PRINTEMPS ET L'AUTOMNE.

Air :

DEUX saisons règlent toutes choses,
Pour qui sait vivre en s'amusant :
Au printemps nous devons les roses,
A l'automne un jus bienfaisant.

Les jours croissent, le cœur s'éveille;
On fait le vin quand ils sont courts.
Au printemps, adieu la bouteille!
En automne, adieu les amours!

Mieux il vaudrait unir sans doute
Ces deux penchans faits pour charmer;
Mais pour ma santé je redoute
De trop boire et de trop aimer.
Or, la sagesse me conseille
De partager ainsi mes jours:
Au printemps, adieu la bouteille!
En automne, adieu les amours!

Au mois de mai, j'ai vu Rosette,
Et mon cœur a subi ses lois.
Que de caprices la coquette
M'a fait essuyer en six mois!
Pour lui rendre enfin la pareille,
J'appelle octobre à mon secours.
Au printemps, adieu la bouteille!
En automne, adieu les amours!

Je prends, quitte et reprends Adèle,
Sans façons comme sans regrets.

Au revoir, un jour me dit-elle;
Elle revient long-temps après.
J'étais à chanter sous la treille :
Ah! dis-je, l'année a son cours.
Au printemps, adieu la bouteille!
En automne, adieu les amours!

Mais il est une enchanteresse
Qui change à son gré mes plaisirs.
Du vin elle excite l'ivresse,
Et maîtrise jusqu'aux désirs.
Pour elle ce n'est pas merveille
De troubler l'ordre de mes jours,
Au printemps avec la bouteille,
En automne avec les amours.

LE PETIT HOMME GRIS.

Air : Toto, carabo.

Il est un petit homme,
Tout habillé de gris,
Dans Paris;
Joufflu comme une pomme.

Qui, sans un sou comptant,
Vit content,
Et dit : Moi, je m’en.....
Et dit : Moi, je m’en.....
Ma foi, moi, je m’en ris !
Oh, qu’il est gai (*bis*), le petit homme gris !

A courir les fillettes,
A boire sans compter,
A chanter,
Il s’est couvert de dettes ;
Mais quant aux créanciers,
Aux huissiers,
Il dit : Moi, je m’en.....
Il dit : Moi, je m’en.....
Ma foi, moi, je m’en ris !
Oh, qu’il est gai (*bis*), le petit homme gris !

Qu’il pleuve dans sa chambre ;
Qu’il s’y couche le soir
Sans y voir ;
Qu’il lui faille en décembre
Souffler, faute de bois,
Dans ses doigts ;
Il dit : Moi, je m’en.....

Il dit : Moi, je m’en.....
Ma foi, moi, je m’en ris !
Oh, qu’il est gai (*bis*), le petit homme gris !

Sa femme, assez gentille,
Fait payer ses atours
Aux amours ;
Aussi plus elle brille,
Plus on le montre au doigt.
Il le voit,
Et dit : Moi, je m’en.....
Et dit : Moi, je m’en.....
Ma foi, moi, je m’en ris !
Oh, qu’il est gai (*bis*), le petit homme gris !

Quand la goutte l’accable
Sur un lit délabré,
Le curé,
De la mort et du diable
Parle à ce moribond,
Qui répond :
Ma foi, moi, je m’en.....
Ma foi, moi, je m’en.....
Ma foi, moi, je m’en ris !
Oh, qu’il est gai (*bis*), le petit homme gris !

LE MORT VIVANT.

RONDE DE TABLE.

Air : des Bossus.

Lorsque l'ennui pénètre dans mon fort,
Priez pour moi : je suis mort, je suis mort!
Quand le plaisir à grands coups m'abreuvant
Gaîment m'assiége et derrière et devant,   } *bis.*
Je suis vivant, bien vivant, très-vivant!

Un sot fait-il sonner son coffre-fort;
Priez pour moi : je suis mort, je suis mort!
Volnais, Pomard, Beaune et Moulin-à-vent(1),
Fait-on sonner votre âge en vous servant,
Je suis vivant, bien vivant, très-vivant!

Des pauvres rois veut-on régler le sort,
Priez pour moi : je suis mort, je suis mort!
En fait de vin qu'on se montre savant;

---

(1) Noms de différens vins.

Dût-on pousser le sujet trop avant,
Je suis vivant, bien vivant, très-vivant!

Faut-il aller guerroyer dans le Nord,
Priez pour moi : je suis mort, je suis mort!
Que, près du feu, l'un l'autre se bravant,
On trinque assis derrière un paravent,
Je suis vivant, bien vivant, très-vivant!

De beaux esprits s'annoncent-ils d'abord,
Priez pour moi : je suis mort, je suis mort!
Mais, sans esprit, faut-il mettre en avant
De gais couplets qu'on répète en buvant!
Je suis vivant, bien vivant, très-vivant!

Suis-je au sermon d'un bigot qui m'endort,
Priez pour moi : je suis mort, je suis mort!
Que l'amitié réclame un cœur fervent,
Que dans la cave elle fonde un couvent.
Je suis vivant, bien vivant, très-vivant!

Monseigneur entre, et la liberté sort,
Priez pour moi : je suis mort, je suis mort!
Mais que Thémire, à table nous trouvant.

Avec l'Aï s'égaie en arrivant,
Je suis vivant, bien vivant, très-vivant !

Faut-il sans boire abandonner ce bord,
Priez pour moi : je suis mort, je suis mort !
Mais pour m'y voir jeter l'ancre souvent,
Le verre en main, quand j'implore un bon vent,
Je suis vivant, bien vivant, très-vivant !

<hr>

AINSI SOIT-IL !

(1812.)

Air : Alleluia.

Je suis devin, mes chers amis ;
L'avenir qui nous est promis
Se découvre à mon art subtil.
    Ainsi soit-il !

Plus de poëte adulateur ;
Le puissant craindra le flatteur ;
Nul courtisan ne sera vil.
    Ainsi soit-il !

Plus d'usuriers, plus de joueurs,
De petits banquiers grands seigneurs.
Et pas un commis incivil.
    Ainsi soit-il !

L'amitié, charme de nos jours,
Ne sera plus un froid discours
Dont l'infortune rompt le fil.
    Ainsi soit-il !

La fille, novice à quinze ans,
A dix-huit, avec ses amans,
N'exercera que son babil.
    Ainsi soit-il !

Femme fuira les vains atours ;
Et son mari, pendant huit jours,
Pourra s'absenter sans péril.
    Ainsi soit-il !

L'on montrera dans chaque écrit
Plus de génie et moins d'esprit,
Laissant tout jargon puéril.
    Ainsi soit-il !

L'auteur aura plus de fierté,
L'acteur moins de fatuité;
Le critique sera civil.
  Ainsi soit-il !

On rira des erreurs des grands,
On chansonnera leurs agens,
Sans voir arriver l'alguazil.
  Ainsi soit-il !

En France enfin renaît le goût;
La justice règne par-tout,
Et la vérité sort d'exil.
  Ainsi soit-il !

Or, mes amis, bénissons Dieu,
Qui met chaque chose en son lieu :
Celles-ci sont pour l'an trois mil.
  Ainsi soit-il !

L'ÉDUCATION DES DEMOISELLES.

Air : Tra la la la, l'Amour est là.

Le bel instituteur de filles
Que ce monsieur de Fénélon!
Il parle de messe et d'aiguilles :
Maman, c'est un sot tout du long.
Concerts, bals et pièces nouvelles.
Nous instruisent mieux que cela.
Tra la la la, les demoiselles,
Tra la la la, se forment là.

Qu'à broder une autre s'applique;
Maman, je veux au piano,
Avec mon maître de musique
D'Armide chanter le duo.
Je crois sentir les étincelles
De l'amour dont Renaud brûla.
Tra la la la, les demoiselles,
Tra la la la, se forment là.

Qu'une autre écrive la dépense;
Maman, pendant une heure ou deux
Je veux que mon maître de danse
M'enseigne un pas voluptueux.
Ma robe rend mes pieds rebelles :
Un peu plus haut relevons-la.
Tra la la la, les demoiselles,
Tra la la la, se forment là.

Que sur mes sœurs une autre veille;
Maman, je veux mettre au salon.
Déja je dessine à merveille
Les contours de cet Apollon.
Grand Dieu, que ses formes sont belles!
Sur-tout les beaux *nus* que voilà!
Tra la la la, les demoiselles,
Tra la la la, se forment là.

Maman, il faut qu'on me marie,
La coutume ainsi l'exigeant.
Je t'avoûrai, ma chère amie,
Que même le cas est urgent.
Le monde sait de mes nouvelles;
Mais on y rit de tout cela.

Tra la la la, les demoiselles,
Tra la la la, se forment là.

DEO GRATIAS

D'UN ÉPICURIEN.

AIR : Tout le long de la rivière.

Dans ce siècle d'impiété,
L'on rit du *Benedicite*.
Faut-il qu'à peine il m'en souvienne !
Mais pour que l'appétit revienne,
Je dis mes *Graces* lorsque enfin
Je n'ai plus soif, je n'ai plus faim.
Toujours l'espoir suit le plaisir qui passe :
Que vous êtes bon, mon Dieu, je vous rends grace !
O mon Dieu, mon Dieu, je vous rends grace !

Mon voisin, faible du cerveau,
Ne boit jamais son vin sans eau.
Rien qu'à voir mousser le Champagne,
Déja la migraine le gagne ;

5.

Tandis que, pur et coup sur coup,
Pour ma santé je bois beaucoup.
Vous savez seul comment tout cela passe.
Que vous êtes bon, mon Dieu, je vous rends grace!
O mon Dieu, mon Dieu, je vous rends grace!

De soupçons jaloux assiégé,
Dorval n'a ni bu ni mangé.
Cet époux sans philosophie
Par bonheur de nous se défie,
Et tient sa femme, aux yeux si doux,
Sous triple porte à deux verroux.
Par la fenêtre il fait tout pour qu'on passe.
Que vous êtes bon, mon Dieu, je vous rends grace!
O mon Dieu, mon Dieu, je vous rends grace!

Certain soir, monsieur célébra
Une déesse d'Opéra :
Pour prix d'un grain d'encens profane.
Vîte au régime on le condamne.
Sans accident, moi, j'ai fêté
Huit danseuses de la Gaîté.
Pour un miracle on veut que cela passe.
Que vous êtes bon, mon Dieu, je vous rends grace!
O mon Dieu, mon Dieu, je vous rends grace!

Mais quel convive assis là-bas
N'ose rire et ne chante pas?
Chut! me dit-on; c'est un vrai sage.
Qui dans les cours a fait naufrage.
Quoi! chez nous cet homme rêveur,
Des rois regrette la faveur!
Plus sage, moi, je sais comme on s'en passe.
Que vous êtes bon, mon Dieu! je vous rends grace!
O mon Dieu, mon Dieu, je vous rends grace!

A table trouvant tout au mieux,
Je crois qu'un ordre exprès des cieux
Tient en haleine la sagesse,
Des fous ménage la faiblesse,
Et fait de leur vie un repas
Dont le dessert ne finit pas.
Oui, c'est ainsi que jeunesse se passe :
Que vous êtes bon, mon Dieu, je vous rends grace!
O mon Dieu, mon Dieu, je vous rends grace!

LA MÈRE AVEUGLE.

Air : Une fille est un oiseau.

Tout en filant votre lin,
Écoutez-moi bien, ma fille.
Déja votre cœur sautille
Au nom du jeune Colin.
Craignez ce qu'il vous conseille.
Quoique aveugle, je surveille;
A tout je prête l'oreille,
Et vous soupirez tout bas.
Votre Colin n'est qu'un traître.....
Mais vous ouvrez la fenêtre;
Lise, vous ne filez pas (*ter*).

Il fait trop chaud, dites-vous?
Mais par la fenêtre ouverte,
A Colin, toujours alerte,
Ne faites pas les yeux doux.
Vous vous plaignez que je gronde:
Hélas! je fus jeune et blonde;

Je sais combien dans ce monde
On peut faire de faux pas.
L'amour trop souvent l'emporte....
Mais quelqu'un est à la porte ;
Lise, vous ne filez pas.

C'est le vent, me dites-vous,
Qui fait crier la serrure ;
Et mon vieux chien, qui murmure,
Gagne à cela de bons coups.
Oui, fiez-vous à mon âge :
Colin deviendra volage ;
Craignez, si vous n'êtes sage,
De pleurer sur vos appas.....
Grand Dieu ! que viens-je d'entendre ?
C'est le bruit d'un baiser tendre ;
Lise, vous ne filez pas.

C'est votre oiseau, dites-vous ;
C'est votre oiseau qui vous baise.
Dites-lui donc qu'il se taise,
Et redoute mon courroux.
Ah ! d'une folle conduite,
Le déshonneur est la suite ;
L'amant qui vous a séduite

En rit même entre vos bras.
Que la prudence vous sauve.....
Mais vous allez vers l'alcove;
Lise, vous ne filez pas.

C'est pour dormir, dites-vous?
Quoi! me jouer de la sorte!
Colin est ici; qu'il sorte,
Ou devienne votre époux.
En attendant qu'à l'église
Le séducteur vous conduise.
Filez, filez, filez, Lise,
Près de moi, sans faire un pas.
En vain votre lin s'embrouille;
Avec une autre quenouille,
Non, vous ne filerez pas.

CHARLES VII.

Musique de M. B. Vilhem.

Je vais combattre, Agnès l'ordonne;
Adieu, repos; plaisirs, adieu!
J'aurai, pour venger ma couronne,
Des héros, l'Amour et mon Dieu.
Anglais, que le nom de ma belle,
Dans vos rangs porte la terreur.
J'oubliais l'honneur auprès d'elle;
Agnès me rend tout à l'honneur.

Dans les jeux d'une cour oisive,
Français et roi, loin des dangers,
Je laissais la France captive,
En proie au fer des étrangers.
Un mot, un seul mot de ma belle
A couvert mon front de rougeur.
J'oubliais l'honneur auprès d'elle,
Agnès me rend tout à l'honneur.

S'il faut mon sang pour la victoire,
Agnès, tout mon sang coulera.
Mais non; pour l'amour et la gloire
Victorieux, Charles vivra.
Je dois vaincre; j'ai de ma belle
Et les chiffres et la couleur.
J'oubliais l'honneur auprès d'elle,
Agnès me rend tout à l'honneur.

Dunois, La Trémouille, Saintrailles,
O Français, quel jour enchanté,
Quand des lauriers de vingt batailles
Je couronnerai la beauté !
Français, nous devrons à ma belle,
Moi la gloire, et vous le bonheur.
J'oubliais l'honneur auprès d'elle,
Agnès me rend tout à l'honneur.

LA BONNE FILLE,

ou

LES MOEURS DU TEMPS.

(ANNÉE 1812.)

Air : Il est toujours le même.

Je sais fort bien que sur moi l'on babille,
Que soi-disant
J'ai le ton trop plaisant;
Mais cet air amusant
Sied si bien à Camille!
Philosophe par goût,
Et toujours et de tout
Je ris, je ris, tant je suis bonne fille!

Pour le théâtre ayant quitté l'aiguille,
A mon début,
Craignant quelque rebut,
Je me livre en tribut
Au censeur Mascarille;

Et ce cuistre insolent
Dénigre mon talent ;
Mais moi, j'en ris, tant je suis bonne fille.

Un sénateur, qui toujours apostille,
Dit : Je voudrais
Servir tes intérêts.
Lors j'essaie à grands frais
D'échauffer le vieux drille.
Quoi qu'il fît espérer,
Je n'en pus rien tirer ;
Mais j'en ai ri, tant je suis bonne fille.

Un chambellan, qui de clinquant pétille,
Après qu'un jour
Il m'eût fait voir la cour,
Enrichit mon amour
De ce jonc qui scintille.
J'en fais voir le chaton :
C'est du faux, me dit-on ;
Et moi, j'en ris, tant je suis bonne fille.

Un bel-esprit, beau de l'esprit qu'il pille,
Grace à moi, fut
Nommé de l'Institut.
Quand des voix qu'il me dut

Vient l'éclat dont il brille,
Avec moi que de fois
Il a manqué de voix !
Mais j'en ai ri, tant je suis bonne fille.

Un lycéen, qui sort de sa coquille,
Tout triomphant
Dans ses bras m'étouffant,
De me faire un enfant
Me proteste qu'il grille ;
Et le petit morveux,
Au lieu d'un, m'en fait deux ;
Mais moi, j'en ris, tant je suis bonne fille.

Trois auditeurs me disent : Viens, Camille ;
Soupe avec nous ;
Que nous fassions les fous.
J'étais seule pour tous ;
L'un d'eux me déshabille.
Puis le vin met dedans
Nos petits intendans ;
Et moi, j'en ris, tant je suis bonne fille

Telle est ma vie ; et sur mainte vétille
J'aurais ici
Pu glisser, Dieu merci !

Dans ses jupons aussi
Je sais qu'on s'entortille;
Mais les restrictions,
Mais les précautions,
Moi, je m'en ris, tant je suis bonne fille.

MES CHEVEUX.

Air : Vaudeville de Décence.

Mes bons amis, que je vous prêche à table.
Moi, l'apôtre de la gaîté.
Opposez tous au destin peu traitable
Le repos et la liberté,
A la grandeur, à la richesse,
Préférez des loisirs heureux.
C'est mon avis, moi de qui la sagesse
A fait tomber tous les cheveux.

Mes bons amis, voulez-vous dans la joie
Passer quelques instans sereins ?
Buvez un peu; c'est dans le vin qu'on noie

L'ennui, l'humeur et les chagrins.
A longs flots puisez l'allégresse
Dans ces flacons d'un vin mousseux.
C'est mon avis, moi de qui la sagesse
A fait tomber tous les cheveux.

Mes bons amis, et bien boire et bien rire
N'est rien encor sans les amours.
Que la beauté vous charme et vous attire;
Dans ses bras coulez tous vos jours.
Gloire, trésors, santé, jeunesse,
Sacrifiez tout à ses vœux.
C'est mon avis, moi de qui la sagesse
A fait tomber tous les cheveux.

Mes bons amis, du sort et de l'envie
On brave ainsi les traits cuisans.
En peu de jours usant toute la vie,
On en retranche les vieux ans.
Achetez la plus douce ivresse
Au prix d'un âge malheureux.
C'est mon avis, moi de qui la sagesse
A fait tomber tous les cheveux.

MADAME GRÉGOIRE.

AIR : C'est le gros Thomas.

C'ÉTAIT de mon temps
Que brillait madame Grégoire.
J'allais, à vingt ans,
Dans son cabaret rire et boire :
Elle attirait les gens
Par des airs engageans.
Plus d'un brun à large poitrine
Avait là crédit sur la mine.
Ah ! comme on entrait
Boire à son cabaret !

D'un certain époux,
Bien qu'elle pleurât la mémoire,
Personne de nous
N'avait connu défunt Grégoire :
Mais à le remplacer,
Qui n'eût voulu penser !
Heureux l'écot où la commère

Apportait sa pinte et son verre !
  Ah ! comme on entrait
  Boire à son cabaret !

  Je crois voir encor
Son gros rire aller jusqu'aux larmes,
  Et sous sa croix d'or,
L'ampleur de ses pudiques charmes.
  Sur tous ses agrémens
  Consultez ses amans ;
Au comptoir la sensible brune
Leur rendait deux pièces pour une.
  Ah ! comme on entrait
  Boire à son cabaret !

  Des buveurs grivois
Les femmes lui cherchaient querelle.
  Que j'ai vu de fois
Des galans se battre pour elle !
  La garde et les amours
  Se chamaillant toujours,
Elle, en femme des plus capables,
Dans son lit cachait les coupables.
  Ah ! comme on entrait
  Boire à son cabaret !

Quand ce fut mon tour

D'être en tout le maître chez elle.

C'était chaque jour

Pour mes amis fête nouvelle.

Je ne suis point jaloux;

Nous nous arrangions tous.

L'hôtesse, poussant à la vente,

Vous livrait jusqu'à la servante.

Ah! comme on entrait

Boire à son cabaret!

Tout est bien changé.

N'ayant plus rien à mettre en perce,

Elle a pris congé

Et des plaisirs et du commerce.

Que je regrette, hélas!

Sa cave et ses appas!

Long-temps encor chaque pratique

S'écrîra devant sa boutique:

Ah! comme on entrait

Boire à son cabaret!

LE COIN DE L'AMITIÉ.

COUPLETS CHANTÉS PAR UNE DEMOISELLE A UNE
JEUNE MARIÉE, SON AMIE.

AIR : Vaudeville de la Partie carrée.

L'AMOUR, l'Hymen, l'Intérêt, la Folie,
Aux quatre coins se disputent nos jours.
L'Amitié vient compléter la partie ;
    Mais qu'on lui fait de mauvais tours !
Lorsqu'aux plaisirs l'ame se livre entière,
Notre raison ne brille qu'à moitié ;
Et la Folie attaque la première
        Le coin de l'Amitié.

Puis vient l'Amour, joueur malin et traître,
Qui de tromper éprouve le besoin.
En tricherie on le dit passé maître ;
    Pauvre Amitié, gare à ton coin !
Ce dieu jaloux, dès qu'il voit qu'on l'adore.
A tout soumettre aspire sans pitié.

Vous cédez tout ; il veut avoir encore
Le coin de l'Amitié.

L'Hymen arrive : oh, combien on le fête !
L'Amitié seule apprète ses atours.
Mais dans les soins qu'il vient nous mettre en tête,
Il nous renferme pour toujours.
Ce dieu, chez lui, calculant à toute heure,
Y laisse enfin l'Intérêt prendre pied ;
Et trop souvent lui donne pour demeure
Le coin de l'Amitié.

Auprès de toi nous ne craignons, ma chère,
Ni l'Intérêt, ni les folles erreurs.
Mais aujourd'hui, que l'Hymen et son frère
Inspirent de crainte à nos cœurs !
Dans plus d'un coin, où de fleurs ils se parent,
Pour ton bonheur qu'ils règnent de moitié ;
Mais que jamais, jamais ils ne s'emparent
Du coin de l'Amitié.

L'AGE FUTUR,

ou

CE QUE SERONT NOS ENFANTS.

Air : Allez-vous-en, gens de la noce.

Je le dis sans blesser personne,
Notre âge n'est point l'âge d'or ;
Mais nos fils, qu'on me le pardonne,
Vaudront bien moins que nous encor
Pour peupler la machine ronde,
Qu'on est fou de mettre du sien !
  Ah ! pour un rien,
  Oui, pour un rien,
Nous laisserions finir le monde,
Si nos femmes le voulaient bien.

En joyeux gourmands que nous sommes
Nous savons chanter un repas ;
Mais nos fils, pesans gastronomes,

Boiront et ne chanteront pas.
D'un sot à face rubiconde
Ils feront un épicurien.
    Ah ! pour un rien,
    Oui, pour un rien,
Nous laisserions finir le monde,
Si nos femmes le voulaient bien.

Grace aux beaux esprits de notre âge,
L'ennui nous gagne assez souvent ;
Mais deux Instituts, je le gage,
Lutteront dans l'âge suivant.
De se recruter à la ronde
Tous deux trouveront le moyen.
    Ah ! pour un rien,
    Oui, pour un rien,
Nous laisserions finir le monde,
Si nos femmes le voulaient bien.

Nous aimons bien un peu la guerre,
Mais sans redouter le repos.
Nos fils, ne se reposant guère,
Batailleront à tout propos.
Seul prix d'une ardeur furibonde,
Un laurier sera tout leur bien.

Ah ! pour un rien,
Oui, pour un rien,
Nous laisserions finir le monde,
Si nos femmes le voulaient bien.

Nous sommes peu galans, sans doute,
Mais nos fils, d'excès en excès,
Égarant l'amour sur sa route,
Ne lui parleront plus français.
Ils traduiront, Dieu les confonde !
L'*Art d'aimer* en italien.
Ah ! pour un rien,
Oui, pour un rien,
Nous laisserions finir le monde,
Si nos femmes le voulaient bien.

Ainsi, malgré tous nos sophistes,
Chez nos descendans on aura
Pour grands hommes des journalistes,
Pour amusement l'Opéra ;
Pas une vierge pudibonde ;
Pas même un aimable vaurien.
Ah ! pour un rien,
Oui, pour un rien.

Nous laisserions finir le monde,
Si nos femmes le voulaient bien.

De fleurs, amis, ceignant nos têtes,
Vainement nous formons des vœux
Pour que notre culte et nos fêtes
Soient en honneur chez nos neveux :
Ce chapitre que Momus fonde
Chez eux manquera de doyen.
    Ah ! pour un rien,
    Oui, pour un rien,
Nous laisserions finir le monde,
Si nos femmes le voulaient bien.

LES GUEUX.

Air : Première ronde du Départ pour Saint-Malo.

Les gueux, les gueux,
Sont les gens heureux ;
Ils s'aiment entre eux.
Vivent les gueux !

Des gueux chantons la louange.
Que de gueux hommes de bien!
Il faut qu'enfin l'esprit venge
L'honnête homme qui n'a rien.

Les gueux, les gueux,
Sont les gens heureux;
Ils s'aiment entre eux.
Vivent les gueux!

Oui, le bonheur est facile
Au sein de la pauvreté:
J'en atteste l'Évangile;
J'en atteste ma gaîté.

Les gueux, les gueux,
Sont les gens heureux;
Ils s'aiment entre eux.
Vivent les gueux!

Au Parnasse, la misère
Long-temps a régné, dit-on.
Quels biens possédait Homère?
Une besace, un bâton.

Les gueux, les gueux,
Sont les gens heureux;

Ils s'aiment entre eux.
Vivent les gueux !

Vous qu'afflige la détresse,
Croyez que plus d'un héros,
Dans le soulier qui le blesse,
Peut regretter ses sabots.

Les gueux, les gueux,
Sont les gens heureux;
Ils s'aiment entre eux.
Vivent les gueux !

Du faste qui vous étonne,
L'exil punit plus d'un grand;
Diogène, dans sa tonne,
Brave en paix un conquérant.

Les gueux, les gueux,
Sont les gens heureux;
Ils s'aiment entre eux.
Vivent les gueux !

D'un palais l'éclat vous frappe;
Mais l'ennui vient y gémir.
On peut bien manger sans nappe;
Sur la paille on peut dormir.

Les gueux, les gueux,
Sont les gens heureux ;
Ils s’aiment entre eux.
Vivent les gueux !

Quel dieu se plaît et s’agite
Sur ce grabat qu’il fleurit ?
C’est l’Amour, qui rend visite
A la Pauvreté qui rit.

Les gueux, les gueux,
Sont les gens heureux ;
Ils s’aiment entre eux.
Vivent les gueux !

L’Amitié que l’on regrette
N’a point quitté nos climats ;
Elle trinque à la guinguette,
Assise entre deux soldats.

Les gueux, les gueux,
Sont les gens heureux ;
Ils s’aiment entre eux.
Vivent les gueux !

————

7.

LA DESCENTE AUX ENFERS.

AIR : Boira qui voudra, larirette ;
Paira qui pourra, larira !

Sur la foi de votre bonne,
Vous qui craignez Lucifer,
Approchez que je vous donne
Des nouvelles de l'enfer.
Tant qu'on le pourra, larirette,
On se damnera, larira.

Tant qu'on le pourra,
L'on trinquera,
Chantera,
Aimera,
La fillette.
Tant qu'on le pourra, larirette,
On se damnera, larira (1).

____

(1) Il suffit de chanter le refrain entier au premier
et au dernier couplet ; et pour les autres, de reprendre
en chœur :

Tant qu'on le pourra, larirette,
On se damnera, larira !

Sachez que la nuit dernière,
Sur un vieux balai rôti,
Avec certaine sorcière
Pour l'enfer je suis parti.

Tant qu'on le pourra, larirette,
On se damnera, larira.

Ma sorcière est jeune et belle,
Et dans ces lieux inconnus,
Diablotins, par ribambelle,
Viennent baiser ses pieds nus.

Tant qu'on le pourra, larirette,
On se damnera, larira.

Quoi qu'en disent maints bélîtres,
En entrant nous remarquons
Un amas d'écailles d'huîtres,
Et des débris de flacons.

Tant qu'on le pourra, larirette.
On se damnera, larira.

Là, ni chaudières, ni flammes,
Et si grands que soient leurs torts,

Aux enfers, nos pauvres ames
Reprennent un peu de corps.

Tant qu'on le pourra, larirette,
On se damnera, larira.

Chez lui le diable est bon homme;
Aussi voyons-nous d'abord
Ixion faisant un somme,
Près de Tantale ivre-mort.

Tant qu'on le pourra, larirette,
On se damnera, larira.

Rien n'est moins épouvantable
Que l'aspect de ce démon :
Sa Majesté tenait table
Entre Épicure et Ninon.

Tant qu'on le pourra, larirette,
On se damnera, larira.

Ses arrêts les plus sévères
Qu'en mourant nous redoutons,
Sont rendus au bruit des verres
Et de huit cents mirlitons.

Tant qu'on le pourra, larirette,
On se damnera, larira.

Aux buveurs à rouge trogne,
Il dit : Trinquons à grands coups !
Vous n'aimiez que le Bourgogne ;
De Champagne enivrez-vous.

Tant qu'on le pourra, larirette,
On se damnera, larira.

A la prude qui se gêne
Pour lorgner un jouvenceau,
Il dit : Avec Diogène,
Fais l'amour dans un tonneau.

Tant qu'on le pourra, larirette,
On se damnera, larira.

Gens dont nous fuyons les traces,
Il vous dit : Plus retenus,
Laissez Cupidon aux Graces ;
Contentez-vous de Vénus.

Tant qu'on le pourra, larirette,
On se damnera, larira.

Il dit encor bien des choses
Qui charment les assistans ;
Puis, à Ninon, sur des roses,
Il ôte au moins soixante ans.

Tant qu'on le pourra, larirette,
On se damnera, larira.

Alors ma sorcière éprouve
Un désir qui l'embellit,
Et soudain je me retrouve,
Dans ses bras et sur mon lit.

Tant qu'on le pourra, larirette,
On se damnera, larira.

Si, d'après ce qu'on rapporte,
On bâille au céleste lieu,
Que le diable nous emporte,
Et nous rendrons grace à Dieu.
Tant qu'on le pourra, larirette,
On se damnera, larira.
  Tant qu'on le pourra
  L'on trinquera,
  Chantera,

Aimera
La fillette.
Tant qu'on le pourra, larirette,
On se damnera, larira.

LE VIEUX CÉLIBATAIRE.

Air : Contentons-nous d'une simple bouteille.

Allons, Babet, il est bientôt dix heures;
Pour un goutteux c'est l'instant du repos.
Depuis un an qu'avec moi tu demeures,
Jamais, je crois, je ne fus si dispos.
A mon coucher ton aimable présence
Pour ton bonheur ne sera pas sans fruit.
Allons, Babet, un peu de complaisance,
Un lait de poule et mon bonnet de nuit.

Petite bonne, agaçante et jolie,
D'un vieux garçon doit être le soutien.
Jadis ton maître a fait mainte folie
Pour des minois moins friands que le tien.

Je veux, demain, bravant la médisance,
Au Cadran Bleu te régaler sans bruit.
Allons, Babet, un peu de complaisance,
Un lait de poule et mon bonnet de nuit.

N'expose plus à des travaux pénibles
Cette main douce et ce teint des plus frais ;
Auprès de moi coule des jours paisibles ;
Que mille atours relèvent tes attraits.
L'Amour par eux m'a rendu sa puissance :
Ne vois-tu pas son flambeau qui me luit ?
Allons, Babet, un peu de complaisance,
Un lait de poule et mon bonnet de nuit.

A mes désirs, quoi ! Babet se refuse !
Mademoiselle, auriez-vous un amant ?
De mon neveu le jockey vous amuse ;
Mais songez-y : je fais mon testament.
Docile enfin, livre sans résistance
A mes baisers ce sein qui m'a séduit.
Allons, Babet, un peu de complaisance,
Un lait de poule et mon bonnet de nuit.

Ah ! tu te rends, tu cèdes à ma flamme !
Mais la nature, hélas ! trahit mon cœur,

Ne pleure point, va, tu seras ma femme,
Malgré mon âge et le public moqueur.
Fais donc si bien que ta douce influence
Rende à mes sens la chaleur qui me fuit.
Allons, Babet, un peu de complaisance,
Un lait de poule et mon bonnet de nuit.

L'AMI ROBIN.

Air : La Monaco.

De tout Cythère
Sois le courtier :
On paîra bien ton ministère.
De tout Cythère
Sois le courtier :
Ami Robin, quel bon métier !

Robin connaît toutes nos belles,
Et jusqu'où leur prix peut aller.
Messieurs, qui voulez des pucelles,
C'est à Robin qu'il faut parler.

De tout Cythère
Sois le courtier :
On paîra bien ton ministère.
De tout Cythère
Sois le courtier
Ami Robin, quel bon métier !

Prodiguons l'or, et des maîtresses
De toutes parts vont nous venir.
Car, si nous tenions aux comtesses,
Robin pourrait nous en fournir.

De tout Cythère
Sois le courtier :
On paîra bien ton ministère.
De tout Cythère
Sois le courtier :
Ami Robin, quel bon métier !

J'ai connu Robin à l'école :
Ce n'était point un libertin ;
Mais il gagnait mainte pistole
A nous procurer l'Arétin.

De tout Cythère
Sois le courtier :

On paîra bien ton ministère.
    De tout Cythère
    Sois le courtier :
Ami Robin, quel bon métier !

Quand de prendre femme il eut l'âge.
Il la prit belle exprès pour ça.
Par malheur la sienne était sage ;
Mais aussi Robin divorça.

    De tout Cythère
    Sois le courtier :
On paîra bien ton ministère.
    De tout Cythère
    Sois le courtier :
Ami Robin, quel bon métier !

Que le neuf ou le vieux vous tente,
Il sera votre fournisseur :
Robin vend sa nièce et sa tante ;
Il vendrait sa mère et sa sœur.

    De tout Cythère
    Sois le courtier :
On paîra bien ton ministère.
    De tout Cythère

Sois le courtier :
Ami Robin, quel bon métier !

Si je lis bien dans son systême,
Vers la cour il marche à grands pas.
Combien de gens qui déja même
Devant Robin ont chapeau bas !

De tout Cythère
Sois le courtier :
On paîra bien ton ministère.
De tout Cythère
Sois le courtier :
Ami Robin, quel bon métier !

LES GAULOIS ET LES FRANCS.

(JANVIER 1814.)

AIR : Gai ! gai ! marions-nous.

GAI ! gai ! serrons nos rangs,
Espérance
De la France.

Gai! gai! serrons nos rangs;
En avant, Gaulois et Francs!

D'Attila suivant la voix,
      Le barbare
      Qu'elle égare,
Vient une seconde fois
Périr dans les champs gaulois.

  Gai! gai! serrons nos rangs,
      Espérance
      De la France;
  Gai! gai! serrons nos rangs;
En avant, Gaulois et Francs!

Renonçant à ses marais,
      Le Cosaque
      Qui bivouaque,
Croit, sur la foi des Anglais,
Se loger dans nos palais.

  Gai! gai! serrons nos rangs,
      Espérance
      De la France;
  Gai! gai! serrons nos rangs;
En avant, Gaulois et Francs!

Le Russe, toujours tremblant,
Sous la neige
Qui l'assiége,
Las de pain noir et de gland,
Veut manger notre pain blanc.

Gai ! gai ! serrons nos rangs,
Espérance
De la France ;
Gai ! gai ! serrons nos rangs ;
En avant, Gaulois et Francs !

Ces vins que nous amassons
Pour les boire
A la victoire,
Seraient bus par des Saxons !
Plus de vin, plus de chansons !

Gai ! gai ! serrons nos rangs,
Espérance
De la France ;
Gai ! gai ! serrons nos rangs ;
En avant, Gaulois et Francs !

Pour des Calmouks durs et laids
Nos filles

Sont trop gentilles,
Nos femmes ont trop d'attraits.
Ah! que leurs fils soient Français.

Gai! gai! serrons nos rangs,
Espérance
De la France;
Gai! gai! serrons nos rangs;
En avant, Gaulois et Francs!

Quoi! ces monumens chéris,
Histoire
De notre gloire,
S'écrouleraient en débris!
Quoi! les Prussiens à Paris!

Gai! gai! serrons nos rangs,
Espérance
De la France;
Gai! gai! serrons nos rangs;
En avant, Gaulois et Francs!

Nobles Francs et bons Gaulois,
La paix si chère
A la terre,

Dans peu viendra sous vos toits
Vous payer de tant d'exploits.

Gai! gai! serrons nos rangs,
Espérance
De la France;
Gai! gai! serrons nos rangs;
En avant, Gaulois et Francs!

FRÉTILLON.

Air : Ma commère, quand je danse.

Francs amis des bonnes filles,
Vous connaissez Frétillon;
Ses charmes aux plus gentilles
Ont fait baisser pavillon.
Ma Frétillon (*bis*),
Cette fille
Qui frétille,
N'a pourtant qu'un cotillon.

Deux fois elle eut équipage,
Dentelles et diamans,

Et, deux fois, mit tout en gage
Pour quelques fripons d'amans.
    Ma Frétillon (*bis*),
      Cette fille
      Qui frétille,
Reste avec un cotillon.

Point de dame qui la vaille :
Cet hiver, dans son taudis,
Couché presque sur la paille,
Mes sens étaient engourdis ;
    Ma Frétillon (*bis*),
      Cette fille
      Qui frétille,
Mit sur moi son cotillon.

Mais que vient-on de m'apprendre ?
Quoi ! le peu qui lui restait,
Frétillon a pu le vendre
Pour un fat qui la battait !
    Ma Frétillon (*bis*),
      Cette fille
      Qui frétille,
A vendu son cotillon.

En chemise, à la croisée,
Il lui faut tendre ses lacs.
A travers la toile usée,
Amour lorgne ses appas.
      Ma Frétillon (*bis*),
            Cette fille
            Qui frétille,
Est si bien sans cotillon !

Seigneurs, banquiers et notaires,
La feront encor briller ;
Puis encor des mousquetaires
Viendront la déshabiller.
      Ma Frétillon (*bis*),
            Cette fille
            Qui frétille,
Mourra sans un cotillon.

UN TOUR DE MAROTTE.

CHANSON CHANTÉE AUX SOUPERS DE MOMUS.

Air : La marmotte a mal au pied.

Que Momus, dieu des bons couplets,
Soit l'ami d'Épicure.
Je veux porter ses chapelets
Pendus à ma ceinture.
Payant tribut
A l'attribut
De sa gaîté falotte,
De main en main,
Jusqu'à demain,
Passons-nous la marotte.

La marotte au sceptre des rois
Oppose sa puissance :
Momus en donne sur les doigts
Du grand que l'on encense.
Gaîment frappons
Sots et fripons

En casque, en mître, en cotte.
De main en main,
Jusqu'à demain,
Passons-nous la marotte.

Qu'un fat soit l'aigle des salons;
Qu'un docteur sente l'ambre;
Qu'un valet change ses galons
Sans changer d'antichambre;
Paris, enclin
Au trait malin,
Grace à nous, les balotte.
De main en main,
Jusqu'à demain,
Passons-nous la marotte.

Mais de la marotte, à sa cour,
La beauté veut qu'on use;
C'est un des hochets de l'Amour,
Et Vénus s'en amuse.
Son joyeux bruit
Souvent séduit
L'actrice et la dévote.
De main en main,

Jusqu'à demain,
Passons-nous la marotte.

Elle s'allie au tambourin
Du dieu de la vendange,
Quand, pour guérir le noir chagrin,
Coule un vin sans mélange.
Oui, ses grelots
Font à grands flots
Jaillir cet antidote.
De main en main,
Jusqu'à demain,
Passons-nous la marotte.

Point de convive paresseux,
Amis, car il me semble
Que l'amitié bénit tous ceux
Que la marotte assemble.
Jeunes d'esprit
Ensemble on rit,
Puis ensemble on radote.
De main en main,
Jusqu'à demain,
Passons-nous la marotte.

Au bruit des grelots, dans ce lieu,
Chantez donc votre messe.
L'assistant, le prêtre et le dieu
Inspirent l'allégresse.
D'un gai refrain
A ce lutrin
Pour qu'on suive la note,
De main en main,
Jusqu'à demain,
Passons-nous la marotte.

LA DOUBLE IVRESSE.

Air : Que ne suis-je la fougère !

Je reposais sous l'ombrage,
Quand Nœris vint m'éveiller :
Je crus voir sur son visage
Le feu du désir briller.
Sur son front Zéphyre agite
La rose et le pampre vert ;
Et de son sein qui palpite
Flotte le voile entr'ouvert.

Un enfant qui suit sa trace,
(Son frère, si je l'en crois)
Presse pour remplir sa tasse
Des raisins entre ses doigts.
Tandis qu'à mes yeux la belle
Chante et danse à ses chansons,
L'enfant, caché derrière elle,
Mêle au vin d'affreux poisons.

Nœris prend la tasse pleine,
Y goûte, et vient me l'offrir;
Ah! dis-je, la ruse est vaine :
Je sais qu'on en peut mourir.
Tu le veux, enchanteresse;
Je bois, dussé-je en ce jour
Du vin expier l'ivresse
Par l'ivresse de l'amour.

Mon délire fut extrême;
Mais aussi qu'il dura peu!
Ce n'est plus Nœris que j'aime,
Et Nœris s'en fait un jeu.
De ces ardeurs infidèles
Ce qui reste, c'est qu'enfin,

Depuis, à l'amour des belles
J'ai mêlé le goût du vin.

~~~~~~

VOYAGE AU PAYS DE COCAGNE.

AIR : Contredanse de la Rosière.
ou : L'ombre s'évapore.

Ah! vers une rive
Où sans peine on vive,
Qui m'aime me suive!
Voyageons gaîment.
Ivre de Champagne,
Je bats la campagne,
Et vois de Cocagne
Le pays charmant.

Terre chérie,
Sois ma patrie;
Qu'ici je rie
Du sort inconstant.
Pour moi tout change;
Bonheur étrange!
~~~~~~

Je bois et mange
Sans un sou comptant.

Mon appétit s'ouvre,
Et mon œil découvre
Les portes d'un Louvre
En tourte arrondi.
J'y vois de gros gardes,
Cuirassés de bardes,
Portant hallebardes
De sucre candi.

Bon Dieu! que j'aime
Ce doux systéme!
Les canons même
De sucre sont faits.
Belles sculptures,
Riches peintures
En confitures
Ornent les buffets.

Pierrots et Paillasses,
Beaux esprits cocasses,
Charment sur les places
Le peuple ébahi,

Pour qui cent fontaines,
Au lieu d'eaux mal-saines,
Versent, toujours pleines,
Le Beaune et l'Aï.

Des gens enfournent,
D'autres défournent;
Aux broches tournent
Veau, bœuf et mouton.
Des lois de table
L'ordre équitable
De tout coupable
Fait un marmiton.

Dans un palais j'entre,
Et je m'assieds entre
Des grands dont le ventre
Se porte un défi;
Je trouve en ce monde,
Où la graisse abonde,
Vénus toute ronde
Et l'Amour bouffi.

Nul front sinistre,
Propos de cuistre.

Airs de ministre
N'y sont point permis.
La table est mise,
La chère exquise;
Que l'on se grise,
Trinquons, mes amis!

Mais parlons d'affaires.
Beautés peu sévères,
Qu'au doux bruit des verres
D'un dessert friand,
On chante et l'on dise
Quelque gaillardise
Qui nous scandalise
En nous égayant.

Quand le vin tape
L'époux qu'on drappe,
Que sur la nappe
Il s'endort à point,
De femme aimable
Mère intraitable,
Ah! sous la table,
Ne regardez point.

Folle et tendre orgie !
La face rougie,
La panse élargie,
Là, chacun est roi ;
Et quand l'heure invite
A gagner son gîte,
L'on rentre bien vite
Ailleurs que chez soi.

Que de goguettes !
Que d'amourettes !
Jamais de dettes ;
Point de nœuds constans.
Entre l'ivresse
Et la paresse,
Notre jeunesse
Va jusqu'à cent ans.

Oui, dans ton empire,
Cocagne, on respire....
Mais, qui vient détruire
Ce rêve enchanteur ?
Amis, j'en ai honte ;
C'est quelqu'un qui monte

Apporter le compte
Du restaurateur.

~~~~~~

LE COMMENCEMENT DU VOYAGE.

CHANSON CHANTÉE SUR LE BERCEAU D'UN ENFANT
NOUVEAU-NÉ.

AIR : Vaudeville des Chevilles de Maître Adam.

Voyez, amis, cette barque légère
Qui de la vie essaie encor les flots ;
Elle contient gentille passagère.
Ah ! soyons-en les premiers matelots.
Déja les eaux l'enlèvent au rivage
Que doucement elle fuit pour toujours.
Nous qui voyons commencer le voyage,
Par nos chansons égayons-en le cours.

Déja le sort a soufflé dans les voiles :
Déja l'espoir prépare les agrès,
Et nous promet, à l'éclat des étoiles,
Une mer calme et des vents doux et frais.
~~~~~~

Fuyez, fuyez, oiseaux d'un noir présage :
Cette nacelle appartient aux Amours.
Nous qui voyons commencer le voyage,
Par nos chansons égayons-en le cours.

Au mât propice attachant leurs guirlandes,
Oui, les Amours prennent part au travail.
Aux chastes sœurs on a fait des offrandes,
Et l'Amitié se place au gouvernail.
Bacchus lui-même anime l'équipage,
Qui des Plaisirs invoque le secours.
Nous qui voyons commencer le voyage,
Par nos chansons égayons-en le cours.

Qui vient encor saluer la nacelle ?
C'est le Malheur bénissant la Vertu,
Et demandant que du bien fait par elle,
Sur cet enfant le prix soit répandu.
A tant de vœux dont retentit la plage,
Sûrs que jamais les Dieux ne seront sourds ;
Nous qui voyons commencer le voyage,
Par nos chansons égayons-en le cours.

LA MUSIQUE.

Air : La farira dondaine, gai

Purgeons nos desserts
Des chansons à boire.
Vivent les grands airs
Du Conservatoire !
        Bon !
La farira dondaine
        Gai !
La farira dondé.

Tout est réchauffé
Aux dîners d'Agathe :
Au lieu de café,
Vite une sonate.
        Bon !
La farira dondaine
        Gai !
La farira dondé.

L'Opéra toujours
Fait bruit et merveilles;
On y voit les sourds
Boucher leurs oreilles.
Bon!
La farira dondaine
Gai!
La farira dondé.

Acteurs très-profonds,
Sujets de disputes,
Messieurs les bouffons,
Soufflez dans vos flûtes.
Bon!
La farira dondaine
Gai!
La farira dondé.

Et vous gens de l'art,
Pour que je jouisse,
Quand c'est du Mozart,
Que l'on m'avertisse.
Bon!
La farira dondaine

Gai !
La farira dondé.

Nature n'est rien ;
Mais on recommande
Goût italien,
Et grace allemande.
Bon !
La farira dondaine,
Gai !
La farira dondé.

Si nous t'enterrons,
Bel art dramatique,
Pour toi nous dirons
La messe en musique.
Bon !
La farira dondaine,
Gai !
La farira dondé.

———————

LES GOURMANDS.

A MM. LES GASTRONOMES.

Air : Tout le long de la rivière.

Gourmands, cessez de nous donner
La carte de votre dîner :
Tant de gens qui sont au régime
Ont droit de vous en faire un crime !
Et d'ailleurs, à chaque repas,
D'étouffer ne tremblez-vous pas ?
C'est une mort peu digne qu'on l'admire.
Ah ! pour étouffer, n'étouffons que de rire :
N'étouffons, n'étouffons que de rire.

La bouche pleine, osez-vous bien
Chanter l'Amour, qui vit de rien ?
A l'aspect de vos barbes grasses,
D'effroi vous voyez fuir les Graces :
Ou, de truffes en vain gonflés,
Près de vos belles vous ronflez.

L'embonpoint même a dû parfois vous nuire.
Ah ! pour étouffer, n'étouffons que de rire ;
N'étouffons, n'étouffons que de rire.

Vous n'exaltez, maîtres gloutons,
Que la gloire des marmitons :
Méprisant l'auteur humble et maigre
Qui mouille un pain bis de vin aigre,
Vous ne trouvez le laurier bon
Que pour la sauce et le jambon ;
Chez des Français, quel étrange délire !
Ah ! pour étouffer, n'étouffons que de rire ;
N'étouffons, n'étouffons que de rire.

Pour goûter à point chaque mets.
A table ne causez jamais ;
Chassez-en la plaisanterie :
Trop de gens, dans notre patrie,
De ses charmes étaient imbus ;
Les bons mots ne sont qu'un abus.
Pourtant, messieurs, permettez-nous d'en dire.
Ah ! pour étouffer, n'étouffons que de rire ;
N'étouffons, n'étouffons que de rire.

Français, dînons pour le dessert :
L'Amour y vient, Philis le sert ;

Le bouchon part, l'esprit pétille;
La décence même y babille,
Et par la gaîté, qui prend feu,
Se laisse coudoyer un peu.
Chantons alors l'Aï qui nous inspire.
Ah! pour étouffer, n'étouffons que de rire;
N'étouffons, n'étouffons que de rire.

MA DERNIÈRE CHANSON, PEUT-ÊTRE.

(FIN DE JANVIER 1814.)

AIR : Du Ballet des Pierrots.
  Ainsi jadis un grand prophete.
  Eh quoi! vous sommeillez encore (*de Fanchon*).

JE n'eus jamais d'indifférence
Pour la gloire du nom français.
L'étranger envahit la France,
Et je maudis tous ses succès.
Mais, bien que la douleur honore,
Que servira d'avoir gémi?

Puisqu'ici nous rions encore,
Autant de pris sur l'ennemi !

Quand plus d'un brave aujourd'hui tremble,
Moi, poltron, je ne tremble pas.
Heureux que Bacchus nous rassemble
Pour trinquer à ce gai repas !
Amis, c'est le Dieu que j'implore :
Par lui mon cœur est affermi.
Buvons gaîment, buvons encore :
Autant de pris sur l'ennemi !

Mes créanciers sont des corsaires
Contre moi toujours soulevés.
J'allais mettre ordre à mes affaires,
Quand j'appris ce que vous savez.
Gens que l'avarice dévore,
Pour votre or soudain j'ai frémi.
Prêtez-m'en donc, prêtez encore :
Autant de pris sur l'ennemi !

Je possède jeune maîtresse,
Qui va courir bien des dangers.
Au fond, je crois que la traîtresse
Desire un peu les étrangers.

Certains excès que l'on déplore
Ne l'épouvantent qu'à demi :
Mais cette nuit me reste encore ;
Autant de pris sur l'ennemi !

Amis, s'il n'est plus d'espérance,
Jurons, au risque du trépas,
Que pour l'ennemi de lá France
Nos voix ne résonneront pas.
Mais il ne faut point qu'on ignore
Qu'en chantant le cigne a fini.
Toujours Français, chantons encore :
Autant de pris sur l'ennemi !

ÉLOGE DES CHAPONS.

Air : Ah ! le bel oiseau, maman !

Pour ma part, moi, j'en réponds,
Oui, poulettes,
Oui, coquettes,
Pour ma part, moi, j'en réponds ;
Bienheureux sont les chapons !

Exempts du tendre embarras
Qui maigrit l'espèce humaine,
Comme ils sont dodus et gras
Ces bons citoyens du Maine !

Pour ma part, moi, j'en réponds,
        Oui, poulettes,
        Oui, coquettes,
Pour ma part, moi, j'en réponds ;
Bienheureux sont les chapons !

Qui d'eux, troublé nuit et jour,
Fut jaloux jusqu'à la rage ?
Leur faut-il contre l'amour
Recourir au mariage ?

Pour ma part, moi, j'en réponds,
        Oui, poulettes,
        Oui, coquettes,
Pour ma part, moi, j'en réponds :
Bienheureux sont les chapons !

Plusieurs, pour la forme, ont pris
Une compagne gentille :
J'en sais qui sont bons maris,
Qui même ont de la famille.

Pour ma part, moi, j'en réponds,
        Oui, poulettes,
        Oui, coquettes,
Pour ma part, moi, j'en réponds;
Bienheureux sont les chapons!

Modérés dans leurs désirs,
Jamais ces gens, que j'estime,
N'ont pour fruit de leurs plaisirs
Les remords ou le régime.

Pour ma part, moi, j'en réponds,
        Oui, poulettes,
        Oui, coquettes,
Pour ma part, moi, j'en réponds;
Bienheureux sont les chapons!

Or, messieurs, examinons
Notre sort auprès des belles :
Que de mal nous nous donnons
Pour tromper des infidèles!

Pour ma part, moi, j'en réponds,
        Oui, poulettes,
        Oui, coquettes,

Pour ma part, moi, j'en réponds ;
Bienheureux sont les chapons !

C'est mener un train d'enfer,
Quelque agrément qu'on y trouve.
D'ailleurs on n'est pas de fer,
Et Dieu sait comme on le prouve !

Pour ma part, moi, j'en réponds,
    Oui, poulettes,
    Oui, coquettes,
Pour ma part, moi, j'en réponds ;
Bienheureux sont les chapons !

En dépit d'un faux honneur,
Prenons donc un parti sage.
Faisons tous notre bonheur :
Allons, messieurs, du courage !

Pour ma part, moi, j'en réponds,
    Oui, poulettes,
    Oui, coquettes,
Pour ma part, moi, j'en réponds ;
Bienheureux sont les chapons !

Assez de monde concourt
A propager notre espèce.

Coupons, morbleu! coupons court
Aux erreurs de la jeunesse.

Pour ma part, moi, j'en réponds;
Oui, poulettes,
Oui, coquettes,
Pour ma part, moi, j'en réponds;
Bienheureux sont les chapons!

LE BON FRANÇAIS.

(MAI 1814.)

CHANSON CHANTÉE DEVANT DES AIDES DE CAMP
DE L'EMPEREUR ALEXANDRE.

AIR : J'ons un curé patriote.

J'AIME qu'un Russe soit Russe,
Et qu'un Anglais soit Anglais.
Si l'on est Prussien en Prusse,
En France soyons Français.
Lorsqu'ici nos cœurs émus

Comptent des Français de plus (1),
    Mes amis, mes amis,
Soyons de notre pays,
Oui, soyons de notre pays.

Charles-Quint portait envie
A ce roi plein de valeur (2),
Qui s'écriait à Pavie :
Tout est perdu fors l'honneur !
Consolons par ce mot-là
Ceux que le nombre accabla.
    Mes amis, mes amis,
Soyons de notre pays,
Oui, soyons de notre pays.

Louis, dit-on, fut sensible (3)
Aux malheurs de ces guerriers

---

(1) Il est nécessaire de rappeler que M. le Comte d'Artois avait dit : « Il n'y a rien de changé en France ; « il n'y a qu'un Français de plus. »

(2) François Ier.

(3) Les journaux du temps racontèrent que, sur une lettre du Roi, l'empereur Alexandre avait promis de renvoyer en France tous les prisonniers faits sur nous dans la malheureuse campagne de Russie.

Dont l'hiver le plus terrible
A seul flétri les lauriers.
Près des lis, qu'ils soutiendront,
Ces lauriers reverdiront.
 Mes amis, mes amis,
Soyons de notre pays,
Oui, soyons de notre pays.

Enchaîné par la souffrance,
Un roi fatal aux Anglais (1)
A jadis sauvé la France
Sans sortir de son palais.
On sait, quand il le faudra,
Sur qui Louis s'appuîra (2).
 Mes amis, mes amis,
Soyons de notre pays,
Oui, soyons de notre pays.

Redoutons l'anglomanie,
Elle a déja gâté tout.

---

(1) Charles **V**, dit le Sage.

(2) Le Roi avait dit à Saint-Ouen, aux maréchaux Masséna, Mortier, Lefèvre, Ney, etc., qu'il s'appuierait sur eux.

N'allons point en Germanie
Chercher les règles du goût.
N'empruntons à nos voisins
Que leurs femmes et leurs vins.
   Mes amis, mes amis,
Soyons de notre pays,
Oui, soyons de notre pays.

Notre gloire est sans seconde :
Français, où sont nos rivaux ?
Nos plaisirs charment le monde,
Éclairé par nos travaux.
Qu'il nous vienne un gai refrain,
Et voilà le monde en train !
   Mes amis, mes amis,
Soyons de notre pays,
Oui, soyons de notre pays.

En servant notre patrie,
Où se fixent pour toujours
Les plaisirs et l'industrie,
Les beaux-arts et les amours,
Aimons, Louis le permet,
Tout ce qu'Henri quatre aimait.

Mes amis, mes amis,
Soyons de notre pays,
Oui, soyons de notre pays.

REQUÊTE

PRÉSENTÉE PAR LES CHIENS DE QUALITÉ, POUR OBTENIR QU'ON LEUR RENDE L'ENTRÉE LIBRE AU JARDIN DES TUILERIES.

(JUIN 1814.)

AIR : Faut d'la vertu, pas trop n'en faut....

Puisque le tyran est à bas,
Laissez-nous prendre nos ébats. } *bis.*

Aux maîtres des cérémonies
Plaise ordonner que, dès demain,
Entrent sans laisse aux Tuileries
Les chiens du faubourg Saint-Germain.

Puisque le tyran est à bas,
Laissez-nous prendre nos ébats.

Des chiens dont le pavé se couvre
Distinguez-nous à nos colliers.
On sent que les honneurs du Louvre
Iraient mal à ces roturiers.

Puisque le tyran est à bas,
Laissez-nous prendre nos ébats.

Quoique toujours, sous son empire.
L'usurpateur nous ait chassés,
Nous avons laissé, sans mot dire,
Aboyer tous les gens pressés.

Puisque le tyran est à bas,
Laissez-nous prendre nos ébats.

Quand sur son règne on prend des notes,
Grace pour quelques chiens félons !
Tel, qui long-temps lécha ses bottes,
Lui mord aujourd'hui les talons.

Puisque le tyran est à bas,
Laissez-nous prendre nos ébats.

En attrapant mieux que des puces,
On a vu carlins et bassets

Caresser Allemands et Russes
Couverts encor du sang français.

Puisque le tyran est à bas,
Laissez-nous prendre nos ébats.

Qu'importe que, sûr d'un gros lucre,
L'Anglais dise avoir triomphé;
On nous rend le morceau de sucre,
Les chats reprennent leur café.

Puisque le tyran est à bas,
Laissez-nous prendre nos ébats.

Quand nos dames reprennent vite
Les barbes et le caraco,
Quand on refait de l'eau bénite,
Remettez-nous *in statu quo.*

Puisque le tyran est à bas,
Laissez-nous prendre nos ébats.

Nous promettons, pour cette grace,
Tous, hors quelques barbets honteux,
De sauter pour les gens en place,
De courir sur les malheureux.

Puisque le tyran est à bas,
Laissez-nous prendre nos ébats. } *bis.*

BEAUCOUP D'AMOUR.

Musique de M. B. Wilhem.

MALGRÉ la voix de la sagesse,
Je voudrais amasser de l'or :
Soudain aux pieds de ma maîtresse
J'irais déposer mon trésor.
Adèle, à ton moindre caprice
Je satisferais chaque jour.
Non, non, je n'ai point d'avarice,
Mais j'ai beaucoup, beaucoup d'amour.

Pour immortaliser Adèle,
Si des chants m'étaient inspirés,
Mes vers, où je ne peindrais qu'elle,
A jamais seraient admirés.
Puissent ainsi dans la mémoire
Nos deux noms se graver un jour !

11.

Je n'ai point l'amour de la gloire,
Mais j'ai beaucoup, beaucoup d'amour.

Que la Providence m'élève
Jusqu'au trône éclatant des rois.
Adèle embellira ce rêve :
Je lui céderai tous mes droits.
Pour être plus sûr de lui plaire,
Je voudrais me voir une cour.
D'ambition je n'en ai guère,
Mais j'ai beaucoup, beaucoup d'amour.

Mais quel vain desir m'importune ?
Adèle comble tous mes vœux.
L'éclat, le renom, la fortune,
Moins que l'amour rendent heureux.
A mon bonheur je puis donc croire,
Et du sort braver le retour.
Je n'ai ni bien, ni rang, ni gloire,
Mais j'ai beaucoup, beaucoup d'amour.

LA GRANDE ORGIE.

Air : Vive le vin de Ramponneau.

Le vin charme tous les esprits :
Qu'on le donne
Par tonne.
Que le vin pleuve dans Paris,
Pour voir les gens les plus aigris
Gris.

Non, plus d'accès
Aux procès ;
Vidons, joyeux Français,
Nos caves renommées.
Qu'un censeur vain
Croie en vain
Fuir le pouvoir du vin,
Et s'enivre aux fumées.

Le vin charme tous les esprits :
Qu'on le donne
Par tonne.

Que le vin pleuve dans Paris,
Pour voir les gens les plus aigris
Gris.

Graves auteurs,
Froids rhéteurs,
Tristes prédicateurs,
Endormeurs d'auditoires,
Gens à pamphlets,
A couplets,
Changez en gobelets
Vos larges écritoires.

Le vin charme tous les esprits :
Qu'on le donne
Par tonne.
Que le vin pleuve dans Paris,
Pour voir les gens les plus aigris
Gris.

Loin du fracas
Des combats,
Dans nos vins délicats
Mars a noyé ses foudres.
Gardiens de nos

Arsenaux,
Cédez-nous les tonneaux
Où vous mettiez vos poudres.

Le vin charme tous les esprits :
Qu'on le donne
Par tonne.
Que le vin pleuve dans Paris,
Pour voir les gens les plus aigris
Gris.

Nous qui courons
Les tendrons,
De Cythère environs
Les colombes légères.
Oiseaux chéris
De Cypris,
Venez, malgré nos cris,
Boire au fond de nos verres.

Le vin charme tous les esprits :
Qu'on le donne.
Par tonne ;
Que le vin pleuve dans Paris,
Pour voir les gens les plus aigris
Gris.

L'or a cent fois
Trop de poids.
Un essaim de grivois,
Buvant à leurs mignonnes,
Trouve au total
Ce crystal
Préférable au métal
Dont on fait les couronnes.

Le vin charme tous les esprits :
Qu'on le donne
Par tonne.
Que le vin pleuve dans Paris,
Pour voir les gens les plus aigris
Gris.

Enfans charmans
De mamans
Qui des grands sentimens
Banniront la folie,
Nos fils bien gros,
Bien dispos,
Naîtront parmi les pots
Le front taché de lie.

Le vin charme tous les esprits :
Qu'on le donne,
Par tonne.
Que le vin pleuve dans Paris,
Pour voir les gens les plus aigris
Gris.

Fi d'un honneur
Suborneur !
Enfin du vrai bonheur
Nous porterons les signes.
Les rois boiront
Tous en rond ;
Les lauriers serviront
D'échalas à nos vignes.

Le vin charme tous les esprits :
Qu'on le donne
Par tonne.
Que le vin pleuve dans Paris,
Pour voir les gens les plus aigris
Gris.

Raison, adieu !
Qu'en ce lieu.

Succombant sous le dieu,
Objet de nos louanges,
Bien ou mal mis,
Tous amis,
Dans l'ivresse endormis,
Nous rêvions les vendanges !

Le vin charme tous les esprits :
Qu'on le donne
Par tonne.
Que le vin pleuve dans Paris,
Pour voir les gens les plus aigris
Gris.

————

LES BOXEURS,

ou

L'ANGLOMANE.

(AOUT 1814.)

AIR : A coups d'pied, à coups d'poing.

Quoique leurs chapeaux soient bien laids,
God dam ! moi, j'aime les Anglais :
Ils ont un si bon caractère !
Comme ils sont polis, et sur-tout
Que leurs plaisirs sont de bon goût !
    Non, chez nous, point,
    Point de ces coups de poing,
Qui font tant d'honneur à l'Angleterre.

Voilà des boxeurs à Paris :
Courons vîte ouvrir des paris,
Et même par-devant notaire.
Ils doivent se battre un contre un ;
Pour des Anglais c'est peu commun.

Non, chez nous, point,
Point de ces coups de poing,
Qui font tant d'honneur à l'Angleterre.

En scène, d'abord admirons
La grace de ces deux lurons,
Grace qui jamais ne s'altère.
De la halle on dirait deux forts :
Peut-être ce sont des milords.
Non, chez nous, point,
Point de ces coups de poing,
Qui font tant d'honneur à l'Angleterre.

Ça, mes dames, qu'en pensez-vous ?
C'est à vous de juger les coups.
Quoi ! ce spectacle vous atterre ?
Le sang jaillit... battez des mains.
Dieu ! que les Anglais sont humains !
Non, chez nous, point,
Point de ces coups de poing,
Qui font tant d'honneur à l'Angleterre.

Anglais, il faut vous suivre en tout,
Pour les lois, la mode et le goût,
Même aussi pour l'art militaire.

Vos diplomates, vos chevaux
N'ont pas épuisé nos bravos.
Non, chez nous, point,
Point de ces coups de poing,
Qui font tant d'honneur à l'Angleterre.

~~~~~~~~~~~~~~~~~~~~~~~~~~~~~~~~~~~~~~

LE JOUR DES MORTS.

Air : Mirliton. (Les deux premiers vers de l'air sont
doublés.)

Amis, entendez les cloches,
Qui par leurs sons gémissans
Nous font de bruyans reproches
Sur nos rires indécens.
Il est des ames en peine,
Dit le prêtre intéressé :
C'est le jour des morts, mirliton, mirlitaine;
Requiescant in pace !

Qu'en ce jour la poésie
Sème les tombeaux de fleurs;
Qu'à nos yeux l'hypocrisie
~~~~~~~~~~~~~~~~~~~~~~~~~~~~~~~~~~~~~~

Les arrose de ses pleurs;
Je chante au sort qui m'entraîne
Sur les traces du passé :
C'est le jour des morts, mirliton, mirlitaine;
Requiescant in pace !

Méchans, redoutez les diables;
Mais qu'il soit un paradis
Pour les filles charitables,
Pour les buveurs francs amis;
Que saint Pierre aux gens sans haine
Ouvre d'un air empressé :
C'est le jour des morts, mirliton, mirlitaine;
Requiescant in pace !

Le souvenir de nos pères
Nous doit-il mettre en souci?
Ils ont ri de leurs misères;
Des nôtres rions aussi.
Lise n'est point inhumaine;
Mon flacon n'est point cassé :
C'est le jour des morts, mirliton, mirlitaine :
Requiescant in pace !

Je ne veux point qu'on me pleure.
Moi, le boute-en-train des fous,

Puissé-je, à ma dernière heure,
Voir nos fils plus gais que nous!
Qu'ils chantent, à perdre haleine,
Sur le bord du grand fossé :
C'est le jour des morts, mirliton, mirlitaine;
Requiescant in pace !

LA CENSURE.

CHANSON QUI COURUT MANUSCRITE AU MOIS D'AOUT 1814.

AIR : Quest-ce que ça m'fait, à moi?

QUE, sous le joug des libraires,
On livre encor nos auteurs
Aux censeurs, aux inspecteurs,
Rats-de-cave littéraires;
  Riez-en avec moi.
    Ah! pour rire
    Et pour tout dire,
  Il n'est besoin, ma foi,
  D'un privilége du roi!

L'état ayant plus d'un membre
Que la presse eût fait trembler,
Qu'on ait craint son franc parler
Dans la chambre et l'antichambre :
  Riez-en avec moi.
      Ah ! pour rire
    Et pour tout dire,
  Il n'est besoin, ma foi,
D'un privilége du roi !

Que cette chambre sensée
Laisse avec soumission,
Sortir la procession
Et renfermer la pensée ;
  Riez-en avec moi.
      Ah ! pour rire
    Et pour tout dire,
  Il n'est besoin, ma foi,
D'un privilége du roi !

Qu'un censeur bien tyrannique
De l'esprit soit le geolier,
Et qu'avec son prisonnier
Jamais il ne communique ;
  Riez-en avec moi.

Ah ! pour rire
Et pour tout dire,
Il n'est besoin, ma foi,
D'un privilége du roi !

Quand déja l'on n'y voit guère,
Quand on a peine à marcher,
En feignant de la moucher,
Qu'on éteigne la lumière ;
  Riez-en avec moi.
    Ah ! pour rire
    Et pour tout dire,
  Il n'est besoin, ma foi,
D'un privilége du roi !

Qu'un ministre qui s'irrite
Quand on lui fait la leçon,
Lise tout bas ma chanson
Qui lui parvient manuscrite ;
  Riez-en avec moi.
    Ah ! pour rire
    Et pour tout dire,
  Il n'est besoin, ma foi.
D'un privilége du roi !

———————

LE TROISIÈME MARI.

CHANSON AVEC ACCOMPAGNEMENT DE GESTES.

Air : Ah ! ah ! qu'elle est bien.

Malheureuse avec deux maris,
Au troisième enfin je commande.
Jean est grondeur, mais je m'en ris :
Il est tout petit ; je suis grande.
Sitôt qu'il fait un peu de bruit,
Je lui mets son bonnet de nuit.
 Vli, vlan, taisez-vous,
Lui dis-je, ou que je vous entende....
 Vli, vlan, taisez-vous.....
Je me venge de deux époux.

Six mois après des nœuds si doux,
Et les affaires arrangées,
J'en eus deux filles, qu'entre nous,
De trois mois l'on dit plus âgées.
Au baptême Jean fit du train,

Car Léandre était le parrain.
 Vli, vlan, taisez-vous,
Jean, vous n'aurez point de dragées.
 Vli, vlan, taisez-vous;
Je me venge de deux époux.

Léandre me fait lui prêter
De l'argent, qu'il rend Dieu sait comme !
Jean, qui travaille et sait compter,
S'aperçoit qu'on touche à sa somme.
Hier, il dit qu'on l'a volé;
Moi, du trésor je prends la clé.
 Vli, vlan, taisez-vous;
Plus d'argent pour vous, petit homme;
 Vli, vlan, taisez-vous;
Je me venge de deux époux.

Léandre un soir était chez moi :
A neuf heures, mon mari frappe.
Je n'ouvris point, l'on sent pourquoi;
Mais, à minuit, Léandre échappe.
Il gelait, et Jean morfondu
A la porte avait attendu.
 Vli, vlan, taisez-vous;
Quoi ! monsieur croit-il qu'on l'attrape ?

Vli, vlan, taisez-vous;
Je me venge de deux époux.

Mais, à mon tour, je le surpris
Avec la vieille Pétronille.
D'un doigt de vin il était gris;
Il la trouvait fraîche et gentille;
Sur ses deux pieds il se dressait,
Et le menton lui caressait.
Vli, vlan, taisez-vous;
Vous sentez le vin et la fille;
Vli, vlan, taisez-vous;
Je me venge de deux époux.

Jean peut briller entre deux draps,
Malgré sa chétive apparence;
Léandre fait plus d'embarras,
Mais a beaucoup moins de vaillance.
Lorsque Jean veut se reposer,
S'il me plaît encor d'en user,
Vli, vlan, taisez-vous;
Eh vîte, que l'on recommence;
Vli, vlan, taisez-vous;
Je me venge de deux époux.

VIEUX HABITS, VIEUX GALONS,

OU

RÉFLEXIONS MORALES ET POLITIQUES

D'UN MARCHAND D'HABITS DE LA CAPITALE.

(NOVEMBRE 1814.)

AIR : Vaudeville des Deux Edmond.

Tout marchands d'habits que nous sommes,
Messieurs, nous observons les hommes :
D'un bout du monde à l'autre bout
    L'habit fait tout.
Dans les changemens qui surviennent,
Les dépouilles nous appartiennent :
Toujours en grand nous calculons.
    Vieux habits ! vieux galons !

Parfois en lisant la gazette,
Comme tant d'autres, je regrette
Que tout Français n'ait pas gardé

L'habit brodé.

Mais, j'en crois ceux qui s'y connaissent,
Les anciens préjugés renaissent;
On va quitter les pantalons.
    Vieux habits! vieux galons!

Les modes et la politique
Ont cent fois rempli ma boutique;
Combien on doit à leurs travaux
        D'habits nouveaux!
Quand de nos déesses civiques
On met en oubli les tuniques,
Aux passans nous les rappelons.
    Vieux habits! vieux galons!

Un temps fameux par cent batailles
Mit du galon sur bien des tailles;
De galon même étaient couverts
        Les habits verts.
Mais sans le bonheur point de gloire!
Nous seuls, après chaque victoire,
Nous avions ce que nous voulons.
    Vieux habits! vieux galons!

Nous trouvons aussi notre compte
Avec tous les gens qui, sans honte.

Savent, dans un retour subit,
    Changer d'habit.
Les valets, troupe chamarrée,
Troquant aujourd'hui leur livrée,
Que d'habits bleus nous étalons!
    Vieux habits! vieux galons!

Les défenseurs de nos grands-pères,
Sortant de leurs nobles repaires,
Reprennent enfin à leur tour
    L'habit de cour.
Chez nous retrouvant leurs costumes,
Avec talons rouges et plumes,
Ils vont régner dans les salons.
    Vieux habits! vieux galons!

Sans nul égard pour nos scrupules,
Si la foule des incrédules
Mit au nombre de ses larcins
    L'habit des saints,
Au nez de plus d'un philosophe
Je vais en revendre l'étoffe:
De piété nous redoublons.
    Vieux habits! vieux galons!

Long-temps vantés dans chaque ouvrage,
Des grands, qu'aujourd'hui l'on outrage,
Portent au fond de leurs manoirs
Des habits noirs.
Mais, grace à nous, vont reparaître
Ces manteaux qu'eux-mêmes, peut-être,
Trouvaient bien pesans et bien longs.
Vieux habits! vieux galons!

De m'enrichir j'ai l'assurance :
L'on fetera toujours en France,
En ville, au théâtre, à la cour,
L'habit du jour.
Gens vêtus d'or et d'écarlate,
Pendant un mois chacun vous flatte:
Puis à vos portes nous allons.
Vieux habits! vieux galons!

LE NOUVEAU DIOGÈNE.

(AVRIL 1815.)

AIR : Bon voyage, cher Dumollet.

DIOGÈNE,
Sous ton manteau,
Libre et content, je ris et bois sans gêne,
Diogène,
Sous ton manteau,
Libre et content, je roule mon tonneau.

Dans l'eau, dit-on, tu puisas ta rudesse;
Je n'en bois pas, et, censeur plus joyeux,
En moins d'un mois, pour loger ma sagesse,
J'ai mis à sec un tonneau de vin vieux.

Diogène,
Sous ton manteau,
Libre et content, je ris et bois sans gêne.
Diogène,

Sous ton manteau,
Libre et content, je roule mon tonneau.

Où je suis bien, aisément je séjourne ;
Mais comme nous les dieux sont inconstans :
Dans mon tonneau, sur ce globe qui tourne,
Je tourne avec la fortune et le temps.

Diogène,
Sous ton manteau,
Libre et content, je ris et bois sans gêne.
Diogène,
Sous ton manteau,
Libre et content, je roule mon tonneau.

Pour les partis dont cent fois j'osai rire,
Ne pouvant être un utile soutien,
Devant ma tonne on ne viendra pas dire :
Pour qui tiens-tu, toi qui ne tiens à rien ?

Diogène,
Sous ton manteau,
Libre et content, je ris et bois sans gêne.
Diogène,
Sous ton manteau,
Libre et content, je roule mon tonneau.

J'aime à fronder les préjugés gothiques,
Et les cordons de toutes les couleurs;
Mais, étrangère aux excès politiques,
Ma *Liberté* n'a qu'un chapeau de fleurs.

Diogène,
Sous ton manteau,
Libre et content, je ris et bois sans gêne.
Diogène,
Sous ton manteau,
Libre et content, je roule mon tonneau.

Qu'en un congrès se partageant le monde
Des potentats soient trompeurs ou trompés,
Je ne vais point demander à la ronde
Si de ma tonne ils se sont occupés.

Diogène,
Sous ton manteau,
Libre et content, je ris et bois sans gêne.
Diogène,
Sous ton manteau,
Libre et content, je roule mon tonneau.

N'ignorant pas où conduit la satire,
Je fuis des cours le pompeux appareil:

13.

Des vains honneurs trop enclin à médire,
Auprès des rois je crains pour mon soleil.

Diogène,
Sous ton manteau,
Libre et content, je ris et bois sans gêne.
Diogène,
Sous ton manteau,
Libre et content, je roule mon tonneau.

Lanterne en main, dans l'Athènes moderne,
Chercher un homme est un dessein fort beau ;
Mais quand le soir voit briller ma lanterne,
C'est qu'aux amours elle sert de flambeau.

Diogène,
Sous ton manteau,
Libre et content, je ris et bois sans gêne.
Diogène,
Sous ton manteau,
Libre et content, je roule mon tonneau.

Exempt d'impôt, déserteur de phalange,
Je suis pourtant assez bon citoyen :
Si les tonneaux manquaient pour la vendange,
Sans murmurer je prêterais le mien.

Diogène,
Sous ton manteau,
Libre et content, je ris et bois sans gêne.
Diogène,
Sous ton manteau,
Libre et content, je roule mon tonneau.

LE MAITRE D'ÉCOLE.

Air : Pan, pan, pan.

Ah ! le mauvais garnement !
Sans respect il sort des bornes.
Je n'ai dormi qu'un moment,
Et voilà son rudiment.
Zon, zon, zon, zon, zon, zon, zon !
Le coquin m'en fait des cornes.
Zon, zon, zon, zon, zon, zon, zon !
Le fouet, petit polisson !

Il a fait pis que cela
Pour m'échauffer les oreilles :

L'autre jour il me vola
Du vin que je cachais là.
Zon, zon, zon, zon, zon, zon, zon!
Il m'en a bu deux bouteilles.
Zon, zon, zon, zon, zon, zon, zon!
Le fouet, petit polisson!

Chez elle, quand le matin
Ma femme est à sa toilette,
Je sais que le libertin
Quitte écriture et latin.
Zon, zon, zon, zon, zon, zon, zon!
Par la serrure il la guette.
Zon, zon, zon, zon, zon, zon, zon!
Le fouet, petit polisson!

A ma fille il fait l'amour,
Et joue avec la friponne.
Je l'ai surpris l'autre jour,
Maître d'école à son tour,
Zon, zon, zon, zon, zon, zon, zon!
Rendant ce que je lui donne.
Zon, zon, zon, zon, zon, zon, zon!
Le fouet, petit polisson!

De le frapper je suis las ;
Mais dans ses dents monsieur gronde.
Dieu ! ne prononce-t-il pas
Le mot de c... tout bas ?
Zon, zon, zon, zon, zon, zon, zon !
Il n'est plus d'enfant au monde.
Zon, zon, zon, zon, zon, zon, zon !
Le fouet, petit polisson !

LE CÉLIBATAIRE.

CHANSON DE NOCE,

CHANTÉE AU MARIAGE DE MON AMI B. WILHEM.

Air : Eh ! le cœur à la danse.

Du célibat fidèle appui,
  Je vois avec colère
L'Amour essuyer aujourd'hui
  Les larmes de son frère.
Graces, talens et vertus
Ont droit à mille tributs.

Mais un célibataire
Ne peut chanter des nœuds si doux :
On n'aura rien à faire
Chez de pareils époux.

Monsieur prend femme, c'est fort bien ;
Il la prend jeune et belle ;
Mais, comptant ses amis pour rien,
Monsieur la prend fidèle.
Il faudra, dans cinquante ans,
Célébrer leurs feux constans,
Non, tout célibataire
Ne peut chanter des nœuds si doux :
On n'aura rien à faire
Chez de pareils époux.

Morbleu ! qui n'aurait de l'humeur,
En pensant que madame
De monsieur fera le bonheur,
Bien qu'elle soit sa femme ?
Jours de paix et nuits d'amour ;
Le diable y perdra son tour.
Non, tout célibataire
Ne peut chanter des nœuds si doux :

On n'aura rien à faire
Chez de pareils époux.

Encor si l'amour avait pris
   Une dîme en cachette !
Mais le plus heureux des maris.
   En quittant sa couchette,
  Demain se pavanera,
  Et les mains se frottera....
   Non, tout célibataire
Ne peut chanter des nœuds si doux.
   On n'aura rien à faire
   Chez de pareils époux.

TRINQUONS.

Air : La Catacoua.

Trinquer est un plaisir fort sage,
Qu'aujourd'hui l'on traite d'abus ;
Quand du mépris d'un tel usage
Les gens du monde sont imbus,
De le suivre, amis, faisons gloire,

Riant de qui peut s'en moquer ;
Et pour choquer,
Nous provoquer,
Le verre en main, en rond, nous attaquer,
D'abord nous trinquerons pour boire,
Et puis nous boirons pour trinquer.

A table, croyez que nos pères
N'enviaient point le sort des rois,
Et qu'au fragile éclat des verres
Ils le comparaient quelquefois.
A voix pleine, ils chantaient Grégoire,
Docteur que l'on peut expliquer ;
Et pour choquer,
Se provoquer,
Le verre en main tous en rond s'attaquer,
Nos bons aïeux trinquaient pour boire,
Et puis ils buvaient pour trinquer.

L'Amour alors près de nos mères,
Faisant chorus, battant des mains,
Rapprochait les cœurs et les verres,
Enivrait avec tous les vins.
Aussi n'a-t-on pas la mémoire
Qu'une belle ait voulu manquer.

Pour bien choquer,
A provoquer,
Le verre en main, chacun à l'attaquer :
D'abord elle trinquait pour boire,
Puis elle buvait pour trinquer.

Qu'on boive aux maîtres de la terre,
Qui n'en boivent pas plus gaîment ;
Je veux, libre par caractère,
Boire à mes amis seulement.
Malheur à ceux dont l'humeur noire
S'obstine à ne point remarquer
Que pour choquer,
Se provoquer,
Le verre en main, tous en rond s'attaquer,
L'amitié, qui trinque pour boire,
Boit bien plus encor pour trinquer.

PRIÈRE D'UN ÉPICURIEN.

COUPLET ÉCRIT AUX CATACOMBES, LE JOUR OU S'Y
RENDIRENT LES MEMBRES DU CAVEAU.

AIR : Ce magistrat irréprochable.

Du champ que ton pouvoir féconde,
Vois la Mort trancher les épis;
Amour, réparateur du monde,
Réveille les cœurs assoupis.
A l'horreur qui nous environne
Oppose le besoin d'aimer;
Et si la Mort toujours moissonne,
Ne te lasse pas de semer.

LES INFIDÉLITÉS DE LISETTE.

Air : Ermite, bon Ermite.

Lisette, dont l'empire
S'étend jusqu'à mon vin,
J'éprouve le martyre
D'en demander en vain.
Pour souffrir qu'à mon âge
Les coups me soient comptes,
Ai-je compté, volage,
Tes infidélités ?

Lisette, ma Lisette,
Tu m'as trompé toujours ;
Mais vive la grisette !
   Je veux, Lisette,
  Boire à nos amours.

Lindor, par son audace,
Met ta ruse en défaut ;
Il te parle à voix basse,
Il soupire tout haut.

Du tendre espoir qu'il fonde
Il m'instruisit d'abord.
De peur que je n'en gronde,
Verse au moins jusqu'au bord.

Lisette, ma Lisette,
Tu m'as trompé toujours ;
Mais vive la grisette !
Je veux, Lisette,
Boire à nos amours.

Avec l'heureux Clitandre
Lorsque je te surpris,
Vous comptiez d'un air tendre
Les baisers qu'il t'a pris.
Ton humeur peu sévère
En comptant les doubla ;
Remplis encor mon verre
Pour tous ces baisers-là.

Lisette, ma Lisette,
Tu m'as trompé toujours ;
Mais vive la grisette !
Je veux, Lisette,
Boire à nos amours.

Mondor, qui toujours donne
Et rubans et bijoux,
Devant moi te chiffonne
Sans te mettre en courroux.
J'ai vu sa main hardie
S'égarer sur ton sein.
Verse jusqu'à la lie
Pour un si grand larcin.

Lisette, ma Lisette,
Tu m'as trompé toujours;
Mais vive la grisette!
    Je veux, Lisette,
  Boire à nos amours.

Certain soir, je pénètre
Dans ta chambre, et sans bruit,
Je vois par la fenêtre
Un voleur qui s'enfuit.
Je l'avais, dès la veille,
Fait fuir de ton boudoir.
Ah! qu'une autre bouteille
M'empêche de tout voir!

Lisette, ma Lisette,
Tu m'as trompé toujours;

Mais vive la grisette!
Je veux, Lisette,
Boire à nos amours.

Tous, comblés de tes graces,
Mes amis sont les tiens;
Et ceux dont tu te lasses,
C'est moi qui les soutiens.
Qu'avec ceux-là, traîtresse,
Le vin me soit permis:
Sois toujours ma maîtresse,
Et gardons nos amis.

Lisette, ma Lisette,
Tu m'as trompé toujours:
Mais vive la grisette!
Je veux, Lisette,
Boire à nos amours.

LA CHATTE.

ROMANCE AVEC ACCOMPAGNEMENT DE MIAULEMENS.

Air : La petite Cendrillon.

Tu réveilles ta maîtresse,
Minette, par tes longs cris.
Est-ce la faim qui te presse ?
Entends-tu quelque souris ?
Tu veux fuir de ma chambrette,
Pour courir je ne sais où.
Mia-mia-ou ! Que veut minette ?
Mia-mia-ou ! c'est un matou.

Pour toi je ne puis rien faire ;
Cesse de me caresser.
Sur ton mal l'amour m'éclaire :
J'ai quinze ans, j'y dois penser.
Je gémis d'être seulette
En prison sous le verrou

Mia-mia-ou! Que veut minette?
Mia-mia-ou! c'est un matou.

Si ton ardeur est extrême,
Même ardeur vient me brûler;
J'ai certain voisin que j'aime,
Et que je n'ose appeler.
Mais pourquoi sur ma couchette
Rêver à ce jeune fou?
Mia-mia-ou! Que veut minette?
Mia-mia-ou! c'est un matou.

C'est toi, chatte libertine,
Qui mets le trouble en mon sein.
Dans la mansarde voisine,
Du moins réveille Valsain.
C'est peu qu'il presse en cachette
Et ma main et mon genou.
Mia-mia-ou! Que veut minette?
Mia-mia-ou! c'est un matou.

Mais je vois Valsain paraître!
Par les toits il vient ici.
Vite, ouvrons-lui la fenêtre:
Toi, minette, passe aussi.

Lorsqu'enfin mon cœur se prête
Aux larcins de ce filou,
Mia-mia-ou! que ma minette,
Mia-mia-ou! trouve un matou

~~~~~~~~~~~~~~~~~~~~~~~~~~~~~~

ADIEUX DE MARIE STUART.

Musique de M. P. Wilhem.

Adieu, charmant pays de France,
  Que je dois tant chérir!
Berceau de mon heureuse enfance,
Adieu! te quitter c'est mourir.

Toi que j'adoptai pour patrie,
Et d'où je crois me voir bannir,
Entends les adieux de Marie,
France, et garde son souvenir.
Le vent souffle, on quitte la plage;
Et, peu touché de mes sanglots,
Dieu, pour me rendre à ton rivage,
Dieu n'a point soulevé les flots!
~~~~~~~~~~~~~~~~~~~~~~~~~~~~~~

Adieu, charmant pays de France,
    Que je dois tant chérir !
Berceau de mon heureuse enfance,
Adieu ! te quitter c'est mourir.

Lorsqu'aux yeux du peuple que j'aime,
Je ceignis les lis éclatans,
Il applaudit au rang suprême
Moins qu'aux charmes de mon printemps.
En vain la grandeur souveraine
M'attend chez le sombre Écossais ;
Je n'ai desiré d'être reine
Que pour régner sur des Français.

Adieu, charmant pays de France,
    Que je dois tant chérir !
Berceau de mon heureuse enfance,
Adieu ! te quitter c'est mourir !

L'amour, la gloire, le génie,
Ont trop enivré mes beaux jours ;
Dans l'inculte Calédonie
De mon sort va changer le cours.
Hélas ! un présage terrible
Doit livrer mon cœur à l'effroi :

J'ai cru voir dans un songe horrible
Un échafaud dressé pour moi.

Adieu, charmant pays de France,
    Que je dois tant chérir!
Berceau de mon heureuse enfance,
Adieu! te quitter c'est mourir.

France, du milieu des alarmes,
La noble fille des Stuarts,
Comme en ce jour qui voit ses larmes,
Vers toi tournera ses regards.
Mais, Dieu! le vaisseau trop rapide
Déja vogue sous d'autres cieux;
Et la nuit, dans son voile humide,
Dérobe tes bords à mes yeux!

Adieu, charmant pays de France,
    Que je dois tant chérir!
Berceau de mon heureuse enfance,
Adieu! te quitter c'est mourir!

LES PARQUES.

Air : Elle aime à rire, elle aime à boire.

Sages et fous, gueux et monarques,
Apprenez un fait tout nouveau :
Bacchus a vidé son caveau
Pour remplir la coupe des Parques.
C'est afin de plaire aux Amours,
Qui chantaient d'une voix sonore :
  Que tout mortel ajoute encore
  Des jours heureux à ses beaux jours ! »

Du monde éternelle ennemie,
Atropos, au fatal ciseau,
Buvant à longs traits, et sans eau,
Sur la table tombe endormie ;
Mais ses deux sœurs filent toujours,
Souriant à qui les implore.
Que tout mortel ajoute encore
Des jours heureux à ses beaux jours

(169)

Lachésis, remplissant sa tasse,
S'écrie: Atropos dort enfin!
Mais trop sec hélas! et trop fin,
Je crains que mon fil ne se casse.
Pour le tremper ayons recours
A ce nectar qui me restaure.
Que tout mortel ajoute encore
Des jours heureux à ses beaux jours!

Garnissant sa quenouille immense,
Clothon lui dit: Oui, travaillons;
De vin arrosons les sillons
Où de mon lin croît la semence:
Cette rosée aura toujours
Le pouvoir de la faire éclore.
Que tout mortel ajoute encore
Des jours heureux à ses beaux jours!

Quand ces Parques, vidant bouteille,
Filent nos jours sans nul souci;
Nous, qui buvons gaîment ici,
Craignons qu'Atropos ne s'éveille.
Qu'elle dorme au gré des Amours,
Et répétons à chaque aurore:

Que tout mortel ajoute encore
Des jours heureux à ses beaux jours!

MON CURÉ.

CHANSON QUI N'EST POINT A L'USAGE DES GENS
INTOLÉRANS.

AIR : Un chanoine de l'Auxerrois

LE curé de notre hameau
S'empresse à vider son tonneau,
    Pour quand viendra l'automne.
Bénissant Dieu de ses présens,
A sa nièce, enfant de seize ans,
    Il dit parfois : Mignonne,
Cache-moi bien ce qu'on fera :
Le diable aura ce qu'il pourra.
        Eh! zon, zon, zon,
        Baise-moi, Suzon,
    Et ne damnons personne.

Fait pour chasser les loups gloutons,
Dois-je essayer sur les moutons

Si ma houlette est bonne?
Non, mais à mon troupeau je dis:
La paix est un vrai paradis
   Qu'ici-bas l'on se donne.
Sur-tout, j'ai soin, tant qu'il se peut,
De ne prêcher que lorsqu'il pleut.
     Eh! zon, zon, zon,
    Baise-moi, Suzon,
   Et ne damnons personne.

Les dimanches, point ne défends
La joie à ces pauvres enfants;
   J'aime alors qu'on s'en donne.
Du chœur, où seul je suis souvent,
Je les entends rire en buvant
   Chez la mère Simone;
Ou, j'y cours même, s'il le faut,
Les prier de chanter moins haut.
     Eh! zon, zon, zon,
    Baise-moi, Suzon,
   Et ne damnons personne.

Sans jamais en rien publier,
Je vois s'enfler le tablier
   De plus d'une friponne.

S'épouse-t-on six mois trop tard.
Faut-il baptiser un bâtard,
   C'est le ciel qui l'ordonne.
Les plaintes fort peu me siéraient :
Le ciel et Suzon en riraient.
     Eh ! zon, zon, zon,
    Baise-moi, Suzon ,
   Et ne damnons personne.

Notre maire, un peu mécréant,
A maint sermon répond : Néant.
   Mais que Dieu lui pardonne!
Depuis qu'à sa table il m'admet,
J'ai su qu'à deux mains il semait,
   Sans bruit faisant l'aumône.
Or, la grace ne peut faillir;
Puisqu'il sème il doit recueillir.
     Eh ! zon, zon, zon,
    Baise-moi, Suzon,
   Et ne damnons personne.

Je préside à tous les banquets;
A ma fête j'ai des bouquets,
   Et l'on remplit ma tonne.
Mon évêque, triste et bigot,

Prétend que je sens le fagot ;
Mais, pour qu'un jour, Mignonne,
J'aille où les anges font leurs nids
Revoir tous ceux que j'ai bénis,
Eh ! zon, zon, zon,
Baise-moi, Suzon,
Et ne damnons personne.

LA BOUTEILLE VOLÉE.

Air : La fête des bonnes gens.

Sans bruit, dans ma retraite,
Hier l'Amour pénétra,
Courut à ma cachette,
Et de mon vin s'empara.
Depuis lors ma voix sommeille ;
Adieu tous mes joyeux sons.
Amour, rends-moi ma bouteille,
Ma bouteille et mes chansons.

Iris, dame et coquette,
A ce larcin l'a poussé.

Je n'ai plus la recette
Qui soulage un cœur blessé.
C'est pour gémir que je veille,
En proie aux jaloux soupçons.
Amour, rends-moi ma bouteille.
Ma bouteille et mes chansons.

Épicurien aimable,
A verser frais m'invitant,
  Un vieil ami de table
Me tend son verre en chantant;
Un autre vient à l'oreille
Me demander des leçons.
Amour, rends-moi ma bouteille,
Ma bouteille et mes chansons.

Tant qu'Iris eut contre elle
Ce bon vin si regretté,
  Grisette folle et belle
Tenait mon cœur en gaîté.
Suzon n'a point sa pareille
Pour vivre avec des garçons.
Amour, rends-moi ma bouteille,
Ma bouteille et mes chansons.

Mais le filou se livre ;
Joyeux, il vient à ma voix ;
De mon vin il est ivre,
Et n'en a bu que deux doigts.
Qu'Iris soit une merveille,
Je me ris de ses façons :
Amour me rend ma bouteille,
Ma bouteille et mes chansons.

BOUQUET

A UNE DAME AGÉE DE 70 ANS, LE JOUR DE SAINTE MARGUERITE.

Air : La Catacoua.

Laissons la musique nouvelle ;
Notre amie est du bon vieux temps.
Sur un air aussi simple qu'elle,
Chantons des couplets bien chantans.
L'esprit du jour a son mérite ;
Mais c'est sur-tout lui que je crains.
Ses traits si fins

Me semblent vains;
Pour les entendre, il faudrait des devins.
Amis, chantons à Marguerite
De vieux airs et de gais refrains.

Elle a chanté dans sa jeunesse
Ces couplets comme on n'en fait plus,
Où Favart peignait la tendresse,
Où Panard frondait les abus.
Contre l'humeur qui nous irrite,
Quels antidotes souverains!
Leurs vers badins,
Francs et malins,
Aux moins joyeux faisaient battre des mains.
Ah! rappelons à Marguerite
Leurs vieux airs et leurs gais refrains.

C'est un charme que la mémoire :
On se répète jeune ou vieux.
Les refrains forment notre histoire;
Il faut tâcher qu'ils soient joyeux.
Amusons le temps qui trop vîte
Entraîne les pauvres humains:
Et les destins,
Sur nos festins

Faisant briller des jours longs et sereins,
    Que dans trente ans, pour Marguerite,
    Nos couplets soient de gais refrains !

A table alors venant nous rendre,
Tous, le front ridé par les ans,
Dans une accolade bien tendre
Nous mêlerons nos cheveux blancs.
Les souvenirs naîtront bien vite ;
Nos cœurs émus en seront pleins.
        Momens divins !
        Les noirs chagrins
Fuyant au bruit des transports les plus saints.
    Sur les cent ans de Marguerite
    Nous chanterons de gais refrains !

L'HOMME RANGÉ.

Air : Eh ! lon lon la, landerirette.

MAINT vieux parent me répète
Que je mange ce que j'ai ;
Je veux à cette sornette

Répondre en homme rangé :
Quand on n'a rien,
Landerirette,
On ne saurait manger son bien.

Faut-il que je m'inquiète
Pour quelques frais superflus?
Si ma conscience est nette,
Ma bourse l'est encor plus.
Quand on n'a rien,
Landerirette,
On ne saurait manger son bien.

Un gourmand dans son assiette
Fond le bien de ses aïeux;
Mon hôte à crédit me traite;
J'ai bonne chère et vin vieux.
Quand on n'a rien,
Landerirette,
On ne saurait manger son bien.

Que Dorval à la roulette,
A tout son or, dise adieu :
J'y joûrais bien en cachette;
Mais il faudrait mettre au jeu....

Quand on n'a rien.
Landerirette,
On ne saurait manger son bien.

Mondor, pour une coquette,
Se ruine en dons coûteux;
C'est pour rien que ma Lisette
Me trompe et me rend heureux.
Quand on n'a rien,
Landerirette,
On ne saurait manger son bien.

BON VIN ET FILLETTE.

Air : Ma tante Urlurette.

L'Amour, l'amitié, le vin,
Vont égayer ce festin;
Nargue de toute étiquette!
Turlurette, turlurette,
Bon vin et fillette!

L'Amour nous fait la leçon;
Par-tout, ce dieu sans façon
Prend la nappe pour serviette.
  Turlurette, turlurette,
  Bon vin et fillette!

Que dans l'or mangent les grands;
Il ne faut à deux amans
Qu'un seul verre, qu'une assiette.
  Turlurette, turlurette,
  Bon vin et fillette!

Sur un trône est-on heureux?
On ne peut s'y placer deux;
Vive une table et couchette!
  Turlurette, turlurette,
  Bon vin et fillette!

Si pauvreté qui nous suit
A des trous à son habit,
De fleurs ornons sa toilette
  Turlurette, turlurette,
  Bon vin et fillette!

Mais que dis-je? ah! dans ce cas,
Mettons plutôt habit bas:

Lise en paraîtra mieux faite.
    Turlurette, turlurette,
    Bon vin et fillette!

~~~~~~

LE VOISIN.

Air : Eh! qu'est-ce que ça m'fait, à moi?

Je veux, voisin et voisine,
Quitter le ton libertin;
J'ai pour oncle un sacristain,
Et pour sœur une béguine.
    Mais le diable est bien fin,
Qu'en dites-vous, ma voisine?
    Mais le diable est bien fin,
Qu'en dites-vous, mon voisin?

Paul, docteur en médecine,
Craint, pour le fil de nos jours,
Que le vin et les amours
N'usent trop tôt la bobine;
    Eh! fi du médecin.
~~~~~~

Qu'en dites-vous, ma voisine ?
  Eh ! fi du médecin,
Qu'en dites-vous, mon voisin ?

L'embonpoint de Joséphine
Fait demander ce que c'est ;
Moi, je crois que son corset
Lui rend la taille moins fine.
  C'est l'effet du basin,
Qu'en dites-vous, ma voisine ?
  C'est l'effet du basin,
Qu'en dites-vous, mon voisin ?

Mademoiselle Justine
Met au monde un gros poupon ;
L'un dit que c'est un dragon,
L'autre un soldat de marine.
  Je le crois fantassin,
Qu'en dites-vous, ma voisine ?
  Je le crois fantassin,
Qu'en dites-vous, mon voisin ?

Depuis peu chez ma cousine,
Qui jeûnait en carnaval,
Je vois certain cardinal,

Et trouve bonne cuisine :
  Serait-il mon cousin,
Qu'en dites-vous, ma voisine ?
  Serait-il mon cousin,
Qu'en dites-vous, mon voisin ?

Une actrice qu'on devine,
Veut, pour plaire à dix rivaux,
Inventer des coups nouveaux
Au doux jeu qui les ruine ;
  C'est un fort beau dessein,
Qu'en dites-vous, ma voisine ?
  C'est un fort beau dessein,
Qu'en dites-vous, mon voisin ?

Faut-il qu'une affreuse épine
Se mêle aux fleurs de Cypris !
Pour ce poison de Paris
Que n'est-il une vaccine ?
  Cela serait divin,
Qu'en dites-vous, ma voisine ?
  Cela serait divin,
Qu'en dites-vous, mon voisin ?

D'aucun mal, je l'imagine,
Notre quartier n'est frappé ;

La, point de mari trompé,
Point de femme libertine.
C'est un quartier fort sain,
Qu'en dites-vous, ma voisine?
C'est un quartier fort sain?
Qu'en dites-vous, mon voisin?

LE CARILLONNEUR.

Air : Mon système est d'aimer le bon vin,
ou de la contredanse du Diable-à-quatre.

Digue, digue, dig, din, dig, din, don;
Ah! que j'aime
A sonner un baptême!
Aux maris j'en demande pardon.
Dig, din, don, din, digue, digue, don.

Les décès m'ont assez fait connaître;
Préludons sur un ton plus heureux.
D'un vieillard l'héritier vient de naître:
Sonnons fort; c'est un fait scandaleux.
Digue, digue, dig, din, dig, din, don,

Ah ! que j'aime
A sonner un baptême !
Aux maris j'en demande pardon.
Dig, din, don, din, digue, digue, don.

La maman est gaillarde et jolie ;
Mais l'époux est triste et catharreux ;
Sur son compte il sait ce qu'on publie :
Sonnons fort ; il n'est pas généreux.

Digue, digue, dig, din, dig, din, don,
Ah ! que j'aime
A sonner un baptême !
Aux maris j'en demande pardon.
Dig, din, don, din, digue, digue, don.

De l'enfant quel peut être le père ?
N'est-ce pas mon voisin le banquier ?
Les cadeaux mènent vîte une affaire :
Sonnons fort ; il est gros marguillier.

Digue, digue, dig, din, dig, din, don,
Ah ! que j'aime
A sonner un baptême !
Aux maris j'en demande pardon.
Dig, din, don, din, digue, digue, don.

Si j'osais, je dirais que le maire
S'est créé ce petit échevin;
Je l'ai vu chiffonner la commère.
Sonnons fort; je boirai de son vin.

Digue, digue, dig, din, dig, din, don,
Ah ! que j'aime
A sonner un baptême !
Aux maris j'en demande pardon.
Dig, din, don, din, digue, digue, don.

Je crois bien que notre grand vicaire
Aura mis le doigt au bénitier.
Depuis peu ma fille a su lui plaire.
Sonnons fort, pour l'honneur du métier.

Digue, digue, dig, din, dig, din, don,
Ah ! que j'aime
A sonner un baptême !
Aux maris j'en demande pardon.
Dig, din, don, din, digue, digue, don.

Notre gouverneur a, je le pense,
Prélevé des droits sur ce terrain;

Dans l'église il vient donner quittance.
Sonnons fort, monseigneur est parrain.

Digue, digue, dig, din, dig, din, don,
        Ah ! que j'aime
    A sonner un baptême !
Aux maris j'en demande pardon.
Dig, din, don, din, digue, digue, don.

Plus facile à nommer que ton père,
Cher enfant, quel bonheur infini !
Je suis sûr de te voir plus d'un frère :
Sonnons fort, et que Dieu soit béni !
Digue, digue, dig, din, dig, din, don.
        Ah! que j'aime
    A sonner un baptême !
Aux maris j'en demande pardon.
Dig, din, don, din, digue, digue, don.

LA VIEILLESSE.

A MES AMIS.

Air de la Pipe de tabac.

Nous verrons le temps qui nous presse
Semer les rides sur nos fronts ;
Quoi qu'il nous reste de jeunesse,
Oui, mes amis, nous vieillirons.
Mais, à chaque pas, voir renaître
Plus de fleurs qu'on n'en peut cueillir,
Faire un doux emploi de son être,
Mes amis, ce n'est pas vieillir.

En vain nous égayons la vie
Par le Champagne et les chansons ;
A table, où le cœur nous convie,
On nous dit que nous vieillissons.
Mais jusqu'à sa dernière aurore
En buvant frais s'épanouir,
Même en tremblant chanter encore,
Mes amis, ce n'est pas vieillir.

Brûlons-nous pour une coquette
Un encens d'abord accueilli,
Bientôt peut-être elle répète
Que nous n'avons que trop vieilli.
Mais vivre en tout d'économie,
Moins prodiguer, et mieux jouir;
D'une amante faire une amie,
Mes amis, ce n'est pas vieillir.

Si long-temps que l'on entretienne
Le cours heureux des passions,
Puisqu'il faut qu'enfin l'âge vienne,
Qu'ensemble au moins nous vieillissions!
Chasser du coin qui nous rassemble
Les maux prêts à nous assaillir,
Arriver au but tous ensemble,
Mes amis, ce n'est pas vieillir.

LES BILLETS D'ENTERREMENT.

CHANSON DE NOCE.

AIR : C'est un lanla, landerirette.

Notre alégresse est trop vive;
Amis, pendant nos ébats,
Sachez qu'un joli convive
Sent approcher son trépas.
Faut-il qu'à la fleur de l'âge
Il ait ce pressentiment!
Tous nos billets de mariage
Sont des billets d'enterrement.

Il sait que l'amour le guette
Pour se venger aujourd'hui
D'une querelle secrète
Qu'il eut vingt fois avec lui;
Rien que d'y penser, je gage

Qu'il meurt presque, en ce moment.
Tous nos billets de mariage
Sont des billets d'enterrement.

Bientôt il prendra la fuite,
En tremblant se cachera;
Mais l'Amour, à sa poursuite,
Dans son réduit l'atteindra.
L'un pousse un trait plein de rage,
L'autre un long gémissement.
Tous nos billets de mariage
Sont des billets d'enterrement.

Par pitié l'Amour hésite;
Mais enfin, moins généreux,
Du trait, que l'obstacle irrite,
Il lui porte un coup affreux.
Dans son sang le pauvret nage;
Adieu donc, défunt charmant!
Tous nos billets de mariage
Sont des billets d'enterrement.

On versera quelques larmes
Que le plaisir essuîra;

Mais pour l'honneur de ses armes
Le vainqueur en parlera ;
Car, mes amis, dans notre âge,
En dépit du sacrement,
Peu de billets de mariage
Sont des billets d'enterrement.

LA DOUBLE CHASSE.

Air : Tonton, tontaine, tonton.

Allons, chasseur, vite en campagne.
Du cor n'entends-tu pas le son ?
Tonton, tonton, tontaine, tonton.
Pars, et qu'auprès de ta compagne
L'Amour chasse dans ta maison.
Tonton, tontaine, tonton.

Avec nombreuse compagnie
Chasseur, tu parcours le canton.
Tonton, tonton, tontaine, tonton.

Auprès de ta femme jolie
Combien de braconniers voit-on !
Tonton, tontaine, tonton.

Du cerf prêt à forcer l'enceinte,
Chasseur, tu fais le fanfaron.
Tonton, tonton, tontaine, tonton.
Auprès de ta femme, sans crainte,
Se glisse un chasseur franc luron.
Tonton, tontaine, tonton.

Chasseur, par ta meute surprise
La bête pleure, on lui répond :
Tonton, tonton, tontaine, tonton.
Ta femme, aux abois déjà mise,
Sourit aux efforts du fripon.
Tonton, tontaine, tonton.

Chasseur, un seul coup de ton arme
Met bas le cerf sur le gazon.
Tonton, tonton, tontaine, tonton.
L'amant, pour ta moitié qu'il charme,
Use de la poudre à foison.
Tonton, tontaine, tonton.

Chasseur, tu rapportes la bête,
Et de ton cor enfles le son.
Tonton, tonton, tontaine, tonton.
L'amant quitte alors sa conquête,
Et le cerf entre à la maison.
Tonton, tontaine, tonton.

LES PETITS COUPS.

Air à faire.

Maîtres de tous nos désirs,
Réglons-les sans les contraindre :
Plus l'excès nuit aux plaisirs,
Amis, plus nous devons le craindre.
Autour d'une petite table,
Dans ce petit coin fait pour nous,
Du vin vieux d'un hôte aimable,
Il faut boire (*bis*) à petits coups.

Pour éviter bien des maux,
Veut-on suivre ma recette ?

Que l'on nage entre deux eaux,
Et qu'entre deux vins l'on se mette.
Le bonheur tient au savoir-vivre :
De l'abus naissent les dégoûts ;
  Trop à-la-fois nous enivre ;
  Il faut boire (*bis*) à petits coups.

  Loin d'en murmurer en vain,
  Égayons notre indigence :
  Il suffit d'un doigt de vin
Pour réconforter l'espérance.
Et vous, que flatte un sort prospère,
Pour en jouir, modérez-vous ;
  Car, même dans un grand verre,
  Il faut boire (*bis*) à petits coups.

  Philis, quel est ton effroi !
  La leçon te déplaît-elle ?
  Les petits coups, selon toi,
Sentent le buveur qui chancelle.
Quel que soit le désir qui perce
Dans tes yeux, vifs comme tes goûts,
  Du filtre qu'Amour te verse
  Il faut boire (*bis*) à petits coups.

Oui, de repas en repas,
Pour atteindre à la vieillesse,
Ne nous incommodons pas,
Et soyons fous avec sagesse.
Amis, le bon vin que le nôtre !
Et la santé, quel bien pour tous !
Pour ménager l'un et l'autre,
Il faut boire (*bis*) à petits coups.

LE SCANDALE.

Air : La farira dondaine, gai !

Aux drames du jour
Laissons la morale :
Sans vivre à la cour,
J'aime le scandale.
Bon !
La farira dondaine,
Gai !
La farira dondé !

Nargue des vertus ;
L'on n'en sait que faire.
Aux sots revêtus
Le tout est de plaire.
    Bon !
La farira dondaine,
    Gai !
La farira dondé.

De ses contes bleus,
L'honneur nous assomme :
C'est un vice ou deux
Qui font l'honnête homme.
    Bon !
La farira dondaine,
    Gai !
La farira dondé.

Pour des vins de prix
Vendons tous nos livres :
C'est peu d'être gris,
Amis, soyons ivres.
    Bon !

La farira dondaine,
          Gai!
La farira dondé!

    Grands réformateurs,
    Piliers de coulisses,
    Chassez les erreurs;
    Nous gardons nos vices.
          Bon!
La farira dondaine,
          Gai!
La farira dondé!

    Paix! dit à ce mot
    Caton, qui fait rage;
    Mais il prêche en sot.
    Moi, je ris en sage.
          Bon!
La farira dondaine,
          Gai!
La farira dondé!

~~~~~~

LA PRISONNIÈRE ET LE CHEVALIER.

ROMANCE DE CHEVALERIE,

genre à la mode, et détestable.

Air à faire.

« **A**H! s'il passait un chevalier
« Dont le cœur fût tendre et fidèle,
« Et qu'il triomphât du geolier
« Qui me retient dans la tourelle,
« Je bénirais ce chevalier. »

Par-là passait un chevalier,
A l'honneur, à l'amour fidèle :
« Dame, dit-il, quel dur geolier
« Vous retient dans cette tourelle?
« Est-il prélat ou chevalier? »

« C'est mon époux, bon chevalier,
« Qui veut que je lui sois fidèle;
~~~~~~

Et qui me laisse, en vieux geolier,
« Coucher seule dans la tourelle.
« Délivrez-moi, bon chevalier. »

Soudain le jeune chevalier,
A qui son bon ange est fidèle,
Trompe les regards du geolier,
Et pénètre dans la tourelle.
Honneur, honneur au chevalier!

La prisonnière au chevalier
Fait promettre un amour fidèle,
Puis se venge de son geolier
Sur le grabat de la tourelle.
Soyez heureux, beau chevalier!

Alors et dame et chevalier,
Sautant sur un coursier fidèle,
Vont au nez du mari-geolier
Jeter les clefs de la tourelle.
Puis, adieu dame et chevalier.

Honneur aux galans chevaliers!
Honneur à leurs dames fidèles!

Contre l'hymen et ses geoliers,
Dans les palais, dans les tourelles,
Dieu protégeait les chevaliers.

LES MARIONNETTES.

AIR : La marmotte a mal au pied ;
ou le Pas redoublé.

Les marionnettes, croyez-moi,
Sont les jeux de tout âge.
Depuis l'artisan jusqu'au roi,
De la ville au village ;
Valets, journalistes, flatteurs,
Dévotes et coquettes,
Ah ! sans compter nos grands acteurs....
Combien de marionnettes !

L'homme, fier de marcher debout,
Vante son équilibre :
Parce qu'il court et va par-tout,
Le pantin se croit libre :

Mais dans combien de mauvais pas
  Sa fortune le jette!
Ah! du destin l'homme, ici-bas,
  N'est que la marionnette.

Ce tendron des plus innocens,
  Que le désir dévore,
Au trouble secret de ses sens
  Ne conçoit rien encore.
Veiller la nuit, rêver le jour,
  L'étonne et l'inquiète.
Elle a quinze ans : ah! pour l'amour
  La bonne marionnette!

Voyez ce mari parisien,
  Que maint galant visite :
Il vous accueille mal ou bien,
  Vous cherche ou vous évite.
Est-il confiant ou jaloux,
  A l'air dont il vous traite?
Non; de sa femme un tel époux
  N'est que la marionnette.

Près des femmes que sommes-nous?
  Des pantins qu'on ballotte.

Messieurs, sautez; faites les fous
    Au gré de leur marotte!
Le plus lourd et le plus subtil
    Font la danse complète;
Et Dieu pourtant n'a mis qu'un fil
    A chaque marionnette.

ÉLOGE DE LA RICHESSE.

Air du vaudeville d'Arlequin Cruello.

La richesse que des frondeurs
    Dédaignent, et pour causes,
Quand elle vient sans les grandeurs,
    Est bonne à quelque chose.
Loin de les rendre à ton Crésus,
Va boire avec ses cent écus,
    Savetier, mon compère.
Pour moi, qu'il m'arrive un trésor,
Que dans mes mains pleuve de l'or,
        De l'or,
        De l'or,
    Et j'en fais mon affaire!

Je souris à la pauvreté,
    Et j'ignore l'envie :
Pourquoi perdrais-je ma gaîté
    Dans une douce vie ?
Maison, jardin, livres, tableaux,
Large voiture et bons chevaux
    Pourraient-ils me déplaire ?
Quand mes vœux prendraient plus d'essor,
Que dans mes mains pleuve de l'or,
        De l'or,
        De l'or,
    Et j'en fais mon affaire !

Bon jour, Mondor, riche voisin.
    Ta maîtresse est jolie :
Son œil est noir, son esprit fin,
    Et sa taille accomplie.
J'atteste sa fidélité ;
Mais que peut contre sa fierté
    L'amour d'un pauvre hère ?
Pour te l'enlever, cher Mondor,
Que dans mes mains pleuve de l'or,
        De l'or,
        De l'or,
    Et j'en fais mon affaire !

Le vin s'aigrit dans mon gosier
    Chez un traiteur maussade ;
Mais, à sa table, un financier
    Me verse-t-il rasade :
Combien, dis-je, ces bons vins blancs ?
On me répond : Douze cents francs.
    Par ma foi, ce n'est guère.
En Champagne on en trouve encor ;
Que dans mes mains pleuve de l'or,
      De l'or,
      De l'or,
    Et j'en fais mon affaire !

À partager, dès aujourd'hui,
    Amis, je vous invite.
Nous saurions tous, en cas d'ennui,
    Me ruiner bien vite.
Manger rentes et capitaux,
Équipages, terres, châteaux,
    Serait gai, je l'espère.
Ah ! pour voir la fin d'un trésor,
Que dans mes mains pleuve de l'or,
      De l'or,
      De l'or,
    Et j'en fais mon affaire !

LE DOCTEUR ET SES MALADES.

A MON MÉDECIN, LE JOUR DE SA FÊTE.

AIR : Ainsi jadis un grand prophète,
ou du Rémouleur et la Meunière.

Saluons de maintes rasades
Ce docteur à qui je dois tant.
Mais, pour visiter ses malades,
Je crains qu'il n'échappe à l'instant.
A ces soins son art le condamne,
S'il vient un message ennemi.
Fiévreux, buvez votre tisane ;
Laissez-nous fêter notre ami.

Oui, que ses malades attendent :
Il est au sein de l'amitié.
Mais vingt jeunes fous le demandent
D'un air qui pourtant fait pitié.
De Vénus amans trop crédules,

Sur leur état qu'ils ont gémi !
Eh ! messieurs, prenez des pillules ;
Laissez-nous fêter notre ami.

Quoi ! ne peut-on venir au monde,
Sans l'enlever à ses enfans ?
Certaine personne un peu ronde
Réclame ses secours savans.
J'entends ce tendron qui l'appelle :
Les parens même en ont frémi.
N'accouchez pas, mademoiselle ;
Laissez-nous fêter notre ami.

Qu'il coule gaîment son automne,
Que son hiver soit encor loin !
Puisse-t-il des soins qu'il nous donne
N'éprouver jamais le besoin !
Puisqu'enfin dans nos embrassades
Il n'est point heureux à demi,
Mourez sans lui, mourez, malades ;
Laissez-nous fêter notre ami.

LE BEDEAU.

Air : Sans devant derrière, sans dessus dessous.

Pauvre bedeau! métier d'enfer!
La grand'messe aujourd'hui me damne.
Pour me régaler du plus cher,
Au beau coin m'attend dame Jeanne.
Voici l'heure du rendez-vous;
Mais nos prêtres s'endorment tous.
Ah! maudit soit notre curé!
  Je vais, sacristie!
  Manquer ma partie.
Jeanne est prête, et le vin tiré,
Ite missa est! monsieur le curé!

Nos enfans de chœur, j'en réponds,
Devinent ce qui me tracasse.
Dépêchez-vous, petits fripons,
Ou vous aurez des coups de masse.
Chantres, c'est du vin à dix sous :

Chantez pour moi comme pour vous.
Mais maudit soit notre curé !
   Je vais, sacristie !
   Manquer ma partie.
Jeanne est prête, et le vin tiré.
Ite missa est ! monsieur le curé !

Notre suisse, allongez le pas.
Sur-tout faites ranger ces dames.
La quête ne finira pas :
Le vicaire lorgne les femmes.
Ah ! si la gentille Babet
Pour se confesser l'attendait !
Mais maudit soit notre curé !
   Je vais, sacristie !
   Manquer ma partie.
Jeanne est prête, et le vin tiré.
Ite missa est ! monsieur le curé !

Curé, songez à la saint Leu :
Ce jour-là vous dîniez en ville.
Quel train vous nous meniez, morbleu !
On passa presque l'Évangile.
En faveur de votre bedeau,

Sautez la moitié du Crédo.
Mais, maudit soit notre curé!
Je vais, sacristie!
Manquer ma partie.
Jeanne est prête, et le vin tiré.
Ite missa est! monsieur le curé!

JEANNETTE.

Air :

Fi! des coquettes maniérées!
Fi! des bégueules du grand ton!
Je préfère à ces mijaurées
Ma Jeannette, ma Jeanneton.

Jeune, gentille et bien faite,
Elle est fraîche et rondelette;
Son œil noir est pétillant.
Prudes, vous dites sans cesse
Qu'elle a le sein trop saillant;

C'est pour ma main qui la presse
Un défaut bien attrayant.

Fi! des coquettes maniérées!
Fi! des bégueules du grand ton!
Je préfère à ces mijaurées
Ma Jeannette, ma Jeanneton.

Tout son charme est dans la grace.
Jamais rien ne l'embarrasse;
Elle est bonne, et toujours rit.
Elle dit mainte sottise,
A parler jamais n'apprit;
Et cependant, quoi qu'on dise,
Ma Jeannette a de l'esprit.

Fi! des coquettes maniérées!
Fi! des bégueules du grand ton!
Je préfère à ces mijaurées
Ma Jeannette, ma Jeanneton.

A table dans une fête,
Cette espiègle me tient tête
Pour les propos libertins.
Elle a la voix juste et pure,

Sait les plus joyeux refrains ;
Quand je l'en prie, elle jure ;
Elle boit de tous les vins.

Fi ! des coquettes maniérées !
Fi ! des bégueules du grand ton !
Je préfère à ces mijaurées
Ma Jeannette, ma Jeanneton.

Belle d'amour et de joie,
Jamais d'une riche soie
Son corsage n'est paré.
Sous une toile proprette
Son triomphe est assuré ;
Et, sans nuire à sa toilette,
Je la chiffonne à mon gré.

Fi ! des coquettes maniérées !
Fi ! des bégueules du grand ton !
Je préfère à ces mijaurées
Ma Jeannette, ma Jeanneton.

La nuit tout me favorise :
Point de voile qui me nuise,
Point d'inutiles soupirs.

Des deux mains et de la bouche
Elle attise les désirs,
Et rompit vingt fois sa couche
Dans l'ardeur de nos plaisirs.

Fi ! des coquettes maniérées !
Fi ! des bégueules du grand ton !
Je préfère à ces mijaurées
Ma Jeannette, ma Jeanneton.

ON S'EN FICHE !

Air : Le Fleuve d'oubli.

De traverse en traverse,
Tout va dans l'univers
De travers.
Toute femme est perverse,
Tout traiteur exigeant
Pour l'argent.
A tout jeu le sort nous triche ;

Mais enfin est-on gris,
   Biribi,
   On s'en fiche (*ter*)!

Désespoir d'un ivrogne,
Vient un marchand maudit
   Qui vous dit
Qu'en Champagne, en Bourgogne,
Les coteaux sont grêlés
   Et gelés.
A tout jeu le sort nous triche;
Mais enfin est-on gris,
   Biribi,
   On s'en fiche (*ter*)!

Oubliez une dette;
Chez vous entre un huissier
   Bien grossier,
Qui vend table et couchette,
Et trouve encor de quoi
   Pour le roi.
A tout jeu le sort nous triche;
Mais enfin est-on gris,
   Biribi,
   On s'en fiche (*ter*)!

Aucun plaisir n'est stable :
Pour boire est-on assis
        Cinq ou six ?
Avant vous sous la table
Tombent deux, trois amis
        Endormis.
A tout jeu le sort nous triche ;
Mais enfin est-on gris,
        Biribi,
    On s'en fiche (*ter*) !

C'est trop d'une maîtresse :
Que je fus malheureux
        Avec deux !
Que j'eus peu de sagesse
D'en avoir jusqu'à trois
        A-la-fois !
A tout jeu le sort nous triche ;
Mais enfin est-on gris,
        Biribi,
    On s'en fiche (*ter*) !

De ma misanthropie
Pardonnez les accès
        Et l'excès ;

Car je crains la pépie,
Et je ne vois qu'abus
Et vins bus.
A tout jeu le sort nous triche;
Mais enfin est-on gris,
Biribi,
On s'en fiche (*ter*)!

A ANTOINE ARNAULT,

MEMBRE DE L'INSTITUT,

LE JOUR DE SA FÊTE.

(Année 1812.)

Air du Ballet des Pierrots.

Je viens d'Montmartre avec ma bête
Pour fêter ce maître malin,
Et n' crains point qu'au milieu d' la fête,
Un bon mot m' renvoie au moulin.
On dit qu'avec plus d'un génie
Antoin' prend plaisir à cela.
Nous qui n' somm's pas d' l'académie,
Souhaitons-lui d' ces p'tits plaisirs-là.

Il n' s'en tient pas à des saillies;
Dans plus d'un genre il est heureux.
J' sais mêm' qu'il fait des tragédies,

Quand il n'est pas trop paresseux (1).
De la Melpomène idolâtre,
Qu'il fass' mourir par-ci, par-là.
Nous qui n'somm's pas d'z héros d' théâtre,
Souhaitons-lui d' ces p'tits plaisirs-là.

On m'assur' qu'il vient d' faire un livre
Où c' qu'y a du bon : je l' crois bien.
C' docteur-là nous enseigne à vivre
Par la bouch' d'un arbre ou d'un chien.
A messieurs les Polichinelles (2),
Il dit : vous en voulez, ça v'là.
Nous, qui n' tenons pas les ficelles,
Souhaitons-lui d' ces p'tits plaisirs-là.

A la cour il s' moqu'rait, je l' gage,
Même de messieurs les chambellans.
De c' pays n'ayant point l' langage,

---

(1) Je crois inutile de rappeler ici les succès dramatiques de l'auteur de *Marius*, des *Vénitiens*, etc.

(2) Polichinelle est le héros d'une des plus jolies fables du recueil de M. Arnault, recueil apprécié par tous les gens de goût, et dont la réputation ne peut qu'aller en augmentant.

Il vant' la paix aux conquérans.
A d' grands seigneurs qui n' sont pas minces
Sans ramper toujours il parla.
Nous, qu'on n'a pas encor fait princes,
Souhaitons-lui d' ces p'tits plaisirs-là

Mais, quoiqu' malin, z'il est bonhomme :
D'mandez à sa fille, à ses fils.
Ah ! qu'il soit toujours aimé comme
Il aime ses nombreux amis !
Que l' secret d' son bonheur suprême
Reste à c'te gross' maman que v'là.
Nous qui sommes d'ceux qu'Antoine aime,
Souhaitons-lui d' ces vrais plaisirs-là.

Nota. On trouvera peut-être que cette chanson, comme beaucoup d'autres des miennes, était peu digne de voir le jour. En effet, je ne la livre à l'impression que parce qu'elle m'offre l'occasion de payer un tribut d'éloges à l'un de nos littérateurs les plus distingués. Je regrette qu'elle ne soit pas meilleure, et surtout que le ton qui y règne ne m'ait pas permis d'y faire entrer l'expression de ma reconnaissance particulière pour l'homme excellent dont l'amitié me fut si long-temps utile, et me sera toujours précieuse.

~~~~~~

TRAITÉ DE POLITIQUE

A L'USAGE DE LISE.

(Mois de mai 1815.)

Air : Un Magistrat irréprochable.

Lise, qui règnes par la grace
Du Dieu qui nous rend tous égaux,
Ta beauté, que rien ne surpasse,
Enchaîne un peuple de rivaux.
Mais, si grand que soit ton empire,
Lise, tes amans sont Français :
De tes erreurs permets de rire,
Pour le bonheur de tes sujets.

Combien les belles et les princes
Aiment l'abus d'un grand pouvoir !
Combien d'amans et de provinces
Poussés enfin au désespoir !
~~~~~~

Crains que la révolte ennemie
Dans ton boudoir ne trouve accès :
Lise, abjure la tyrannie,
Pour le bonheur de tes sujets.

Par excès de coquetterie
Femme ressemble aux conquérans,
Qui vont bien loin de leur patrie
Dompter cent peuples différens.
Ce sont de terribles coquettes !
N'imite pas leurs vains projets.
Lise, ne fais plus de conquêtes,
Pour le bonheur de tes sujets.

Grace aux courtisans pleins de zèle,
On approche des potentats
Moins aisément que d'une belle
Dont un jaloux suit tous les pas.
Mais sur ton lit, trône paisible,
Où le plaisir rend ses décrets,
Lise, sois toujours accessible,
Pour le bonheur de tes sujets.

Lise, en vain un roi nous assure
Que, s'il règne, il le doit aux cieux,

Ainsi qu'à la simple nature
Tu dois de charmer tous les yeux.
Bien qu'en des mains comme les tiennes
Le sceptre passe sans procès,
De nous il faut que tu le tiennes
Pour le bonheur de tes sujets.

Pour te faire adorer sans cesse
Mets à profit ces vérités.
Lise, deviens bonne princesse,
Et respecte nos libertés.
Des roses que l'amour moissonne
Ceins ton front tout brillant d'attraits,
Et garde long-temps ta couronne
Pour le bonheur de tes sujets.

LES ROMANS.

A Sophie, qui me priait de composer un roman pour la distraire.

Air : J'ai vu partout dans mes voyages.

Tu veux que pour toi je compose
Un long roman qui fasse effet.
A tes vœux ma raison s'oppose ;
Un long roman n'est plus mon fait.
Quand l'homme est loin de son aurore
Tous les romans deviennent courts,
Et je ne puis long-temps encore
Prolonger celui des amours.

Heureux qui peut dans sa maîtresse
Trouver l'amitié d'une sœur !
Des plaisirs je te dois l'ivresse,
Et des tendres soins la douceur.
Des héros, des prétendus sages

Les longs romans, qui font pitié,
Ne vaudront jamais quelques pages
Du doux roman de l'amitié.

Triste roman que notre histoire !
Mais, Sophie, au sein des amours,
De ton destin, j'aime à le croire,
Les plaisirs charmeront le cours.
Ah ! puisses-tu, vive et jolie,
Long-temps te couronner de fleurs,
Et sur le roman de la vie
Ne jamais répandre de pleurs !

L'OPINION DE CES DEMOISELLES.

(Mois de mai 1815.)

Air : Nom d'un chien, j'veut être épicurien.

Quoi c'est donc bien vrai qu'on parie
Qu' l'enn'mi va tout r'mettre chez nous
        Sens sus d'sous.
L' Palais-Royal, qu'est not' patrie,
        S'en réjouirait ;
        Chacun son intérêt.
Aussi point d' fille qui ne crie :
        Viv' nos amis,
        Nos amis, les enn'mis !

D' nos Français j' connaissons l's astuces :
Ils n' sont pas aussi bons chrétiens
        Qu' les Prussiens.
Comm' l'argent pleuvait, quand les Russes
        Faisaient hausser d'prix
        Tout's les filles d' Paris !

J'n'avions pas l'temps d'chercher nos puces.
        Viv' nos amis,
    Nos amis, les enn'mis!

Mais, puisqu'ils r'vienn't, faut les attendre.
Je r'verrons Bulof, Titchakof,
            Et Platof;
L' bon Saken, dont le cœur est si tendre,
        Et puis ce cher....
    Ce cher monsieur Blucher:
Ils nous donn'ront tout ce qu'ils vont prendre.
        Viv' nos amis,
    Nos amis, les enn'mis!

Drès qu'les plum's de coq vont r'paraître,
J'secoûrons, d'façon à l' fair' voir,
        Not' mouchoir.
Quant aux amans, j' dois en r'connaître,
        Ça tomb' sous l' sens,
    Au moins deux ou trois cents.
Pour leur entrée, louons un' fenêtre.
        Viv' nos amis,
    Nos amis, les enn'mis!

J' conviens que d'certain's honnêt's femmes
Tout autant qu' nous, en ont pincé

L'an passé;
Et que nos cosaqu's, pleins d'leurs bell's flammes,
Prenaient l' chemin
Du faubourg Saint-Germain.
Malgré l' tort qu' nous ont fait ces dames,
Viv' nos amis,
Nos amis, les enn'mis!

Les affair's s'ront bientôt bâclées,
Si j'en crois un vieux libertin
D'sacristain.
Quand y aurait queuqu's maisons d'brûlées.
Queuqu's gens d'occis,
C'est l' cadet d' nos soucis.
Mais j'irai bien si j' sommes violées.
Viv' nos amis,
Nos amis, les enn'mis!

L'HABIT DE COUR,

OU

VISITE A UNE ALTESSE.

Air : Allez-vous-en, gens de la noce.

Ne répondez plus de personne,
Je veux devenir courtisan.
Fripier, vite, que l'on me donne
La défroque d'un chambellan
Un grand prince à moi s'intéresse ;
Courons assiéger son séjour.
   Ah ! quel beau jour ! (*bis.*)
Je vais au palais d'une altesse,
Et j'achète un habit de cour.

Déja, me tirant par l'oreille,
L'ambition hâte mes pas,
Et mon riche habit me conseille
D'apprendre à m'incliner bien bas.
Déja l'on me fait politesse,

Déja l'on m'attend au retour.
     Ah ! quel beau jour ! (*bis.*)
Je vais saluer une altesse,
Et je porte un habit de cour.

N'ayant point encor d'équipage,
Je pars à pied modestement,
Quand de bons vivans, au passage,
M'offrent un déjeûner charmant.
J'accepte, mais que l'on se presse,
Dis-je à ceux qui me font ce tour.
     Ah ! quel beau jour ! (*bis.*)
Messieurs, je vais voir une altesse ;
Respectez mon habit de cour.

Le déjeûner fait, je m'esquive ;
Mais l'un de nos anciens amis
Me réclame, et, joyeux convive,
A sa noce je suis admis.
Nombreux flacons, chants d'alégresse
De notre table font le tour.
     Ah ! quel beau jour ! (*bis.*)
Pourtant j'allais voir une altesse,
Et j'ai mis un habit de cour !

Enfin, malgré l'Aï qui mousse,
J'en veux venir à mon honneur.
Tout en chancelant, je me pousse
Jusqu'au palais de monseigneur.
Mais, à la porte où l'on se presse,
Je vois Rose, Rose et l'Amour.
   Ah! quel beau jour! (*bis.*)
Rose, qui vaut bien une altesse,
N'exige point l'habit de cour.

Loin du palais où la coquette
Vient parfois lorgner la grandeur,
Elle m'entraîne à sa chambrette,
Si favorable à notre ardeur.
Près de Rose, je le confesse,
Mon habit me paraît bien lourd.
   Ah! quel beau jour! (*bis.*)
Soudain, oubliant son altesse,
J'ai quitté mon habit de cour.

D'une ambition vaine et sotte
Ainsi le rêve disparaît.
Gaîment je reprends ma marotte,
Et m'en retourne au cabaret.
Là je m'endors dans une ivresse

Qui n'a point de fâcheux retour.
  Ah! quel beau jour! (*bis.*)
A qui voudra voir son altesse
Je donne mon habit de cour.

PLUS DE POLITIQUE!

(Mois de juillet 1815.)

Air : Ce jour-là, sous son ombrage,
ou vaudeville de madame Scarron.

Ma mie, ô vous que j'adore,
Mais qui vous plaignez toujours
Que mon pays ait encore
Trop de part à mes amours;
Si la politique ennuie,
Même en frondant les abus,
  Rassurez-vous, ma mie;
  Je n'en parlerai plus.

Près de vous, j'en ai mémoire,
Donnant prise à mes rivaux,

Des arts, enfans de la gloire,
Je racontais les travaux.
A notre France agrandie
Ils prodiguaient leurs tributs;
  Rassurez-vous, ma mie;
  Je n'en parlerai plus.

Moi, peureux dont on se raille,
Après d'amoureux combats
J'osais vous parler bataille
Et chanter nos fiers soldats.
Par eux la terre asservie
Voyait tous ses rois vaincus.
  Rassurez-vous, ma mie;
  Je n'en parlerai plus.

Sans me lasser de vos chaînes
J'invoquais la liberté;
Du nom de Rome et d'Athènes
J'effrayais votre gaîté.
Quoiqu'au fond je me défie
De nos modernes Titus,
  Rassurez-vous, ma mie;
  Je n'en parlerai plus.

La France, que rien n'égale,
Et dont le monde est jaloux,
Était la seule rivale
Qui fût à craindre pour vous.
Mais, las! j'ai pour ma patrie
Fait trop de vœux superflus.
   Rassurez-vous, ma mie;
   Je n'en parlerai plus.

Oui, ma mie, il faut vous croire:
Faisons-nous d'obscurs loisirs.
Sans plus songer à la gloire,
Dormons au sein des plaisirs.
Sous une ligue ennemie
Les Français sont abattus:
   Rassurez-vous, ma mie;
   Je n'en parlerai plus.

20.

MARGOT.

Air : Car c'est une bouteille.
ou : C'est la faute de Rousseau.

Chantons Margot, nos amours,
Margot leste et bien tournée,
Que l'on peut baiser toujours,
Qui toujours est chiffonnée.
Quoi! l'embrasser? dit un sot.
Oui, c'est l'humeur de Margot.
  Moquons-nous de ce Blaise :
Viens, Margot, viens, qu'on te baise.

D'un lutin c'est tout l'esprit;
C'est un cœur de tourterelle :
Si le matin elle rit,
Le soir elle vous querelle.
Quoi! se fâcher? dit un sot.
Oui, c'est l'humeur de Margot,

Voilà comme on l'apaise ;
Viens, Margot, viens, qu'on te baise.

Le verre en main, voyez-la ;
Comme à table elle babille !
Quel air et quels yeux elle a
Quand le Champagne pétille !
Quoi ! l'air décent ? dit un sot.
Oui, c'est l'humeur de Margot.
 Mets ta pudeur à l'aise :
Viens, Margot, viens, qu'on te baise.

Qu'elle est bien au piano !
Sa voix nous charme et nous touche.
Mais devant un *soprano*
Elle n'ouvre point la bouche.
Quoi ! par pitié ? dit un sot.
Oui, c'est l'humeur de Margot.
 Ici, point d'Albanèse :
Viens, Margot, viens, qu'on te baise.

L'amour, à point la servant,
Fait pour Margot feu qui flambe :
Mais par elle il est souvent
Traité par-dessous la jambe.

Quoi! par-dessous? dit un sot.
Oui, c'est l'humeur de Margot.
 Il faut bien qu'il s'y plaise :
Viens, Margot, viens, qu'on te baise.

Margot tremble que l'hymen
De sa main ne se saisisse ;
Car elle tient à sa main,
Qui parfois lui rend service.
Quoi! pour broder? dit un sot.
Oui, c'est l'humeur de Margot.
 Que fais-tu sur ta chaise ?
Viens, Margot, viens, qu'on te baise.

Point d'éloges incomplets,
S'écrira cette brunette :
A moins de douze couplets,
Au diable une chansonnette !
Quoi! douze ou rien? dit un sot.
Oui, c'est l'humeur de Margot.
 Nous t'en promettons treize :
Viens, Margot, viens, qu'on te baise.

A MON AMI DÉSAUGIERS,

PRÉSIDENT DU CAVEAU MODERNE, ET DIRECTEUR
DU VAUDEVILLE.

AIR : De la Catacoua.

BON Désaugiers, mon camarade,
Mets dans tes poches deux flacons ;
Puis, rassemble, en versant rasade,
Nos auteurs piquans et féconds.
Ramène-les dans l'humble asyle
Où renaît le joyeux refrain.
  Eh ! va ton train,
   Gai boute-en-train !
Mets-nous en train, bien en train, tous en train,
 Et rends enfin au Vaudeville
 Ses grelots et son tambourin.

Rends-lui, s'il se peut, le cortège
Qu'à la foire il a fait briller ;

L'ombre de Panard te protège;
Vadé semble te conseiller.
Fais-nous apparaître à la file
Jusqu'aux enfans de Tabarin.
        Eh! va ton train,
        Gai boute-en-train!
Mets-nous en train, bien en train, tous en train,
        Et rends enfin au Vaudeville
        Ses grelots et son tambourin.

Au lieu de fades épigrammes,
Qu'il aiguise un couplet gaillard:
Collé, quoi qu'en disent nos dames,
Est un fort honnête égrillard.
La gaudriole qu'on exile
Doit refleurir sur son terrain.
        Eh! va ton train,
        Gai boute-en-train!
Mets-nous en train, bien en train, tous en train,
        Et rends enfin au Vaudeville
        Ses grelots et son tambourin.

Malgré messieurs de la police,
Le vaudeville est né frondeur.
Des abus fais ton benéfice;

Force les grands à la pudeur;
Dénonce tout flatteur servile
A la gaîté du souverain.
            Eh! va ton train,
            Gai boute-en-train!
Mets-nous en train, bien en train, tous en train,
    Et rends enfin au Vaudeville
    Ses grelots et son tambourin.

Sur la scène, où plus à son aise
Avec toi Momus va siéger,
Relève la gaîté française
A la barbe de l'étranger.
La chanson est une arme utile
Qu'on oppose à plus d'un chagrin.
            Eh! va ton train,
            Gai boute-en-train!
Mets-nous en train, bien en train, tous en train,
    Et rends enfin au Vaudeville
    Ses grelots et son tambourin.

Verse, ami, verse donc à boire;
Que nos chants reprennent leur cours.
Il nous faut consoler la gloire;
Il faut rassurer les amours.

Nous cultivons un champ fertile
Qui n'attend qu'un ciel plus serein.
Eh ! va ton train,
Gai boute-en-train !
Mets nous en train, bien en train, tous en train,
Et rends enfin au Vaudeville
Ses grelots et son tambourin.

MA VOCATION.

Air : Attendez-moi sous l'orme.

Jeté sur cette boule,
Laid, chétif et souffrant ;
Étouffé dans la foule,
Faute d'être assez grand ;
Une plainte touchante
De ma bouche sortit ;
Le bon Dieu me dit : Chante,
Chante, pauvre petit !

Le char de l'opulence
M'éclabousse en passant ;

J'épargne l'insolence
Du riche et du puissant;
De leur morgue tranchante
Rien ne nous garantit.
Le bon Dieu me dit: Chante,
Chante, pauvre petit!

D'une vie incertaine
Ayant eu de l'effroi,
Je rampe sous la chaîne
Du plus modique emploi.
La liberté m'enchante;
Mais j'ai grand appétit.
Le bon Dieu me dit: Chante,
Chante, pauvre petit!

L'Amour, dans ma détresse,
Daigna me consoler;
Mais avec la jeunesse
Je le vois s'envoler.
Près de beauté touchante
Mon cœur en vain pâtit.
Le bon Dieu me dit: Chante,
Chante, pauvre petit!

Chanter, ou je m'abuse,
Est ma tâche ici-bas.
Tous ceux qu'ainsi j'amuse
Ne m'aimeront-ils pas?
Quand un cercle m'enchante,
Quand le vin divertit,
Le bon Dieu me dit : Chante,
Chante, pauvre petit!

FIN DU TOME PREMIER.

TABLE

DES CHANSONS

CONTENUES

DANS LE PREMIER VOLUME.

FIN DE LA TABLE DU TOME PREMIER.

www.ingramcontent.com/pod-product-compliance
Lightning Source LLC
LaVergne TN
LVHW021429170726
843501LV00005B/1250